AF461685

ENTRETIENS
AFFECTIFS
DE L'AME AVEC DIEU,

Sur les Pſeaumes de la Penitence.

Par Meſſire HYACINTHE SERRONI,
Premier Archevêque d'Alby.

Pour l'uſage des Nouveaux Catholiques
de ſon Dioceze.

A PARIS,
Chez ANTOINE DEZALLIER, ruë
S. Jacques, à la Couronne d'or.

M. DC. LXXXVI.
AVEC PRIVILEGE DU ROY.

HYACINTHE SERRONI, Par la grace de Dieu & du St Siege Apostolique, premier Archevêque d'Alby, Abbé de la Chaizedieu, Conseiller du Roy en tous ses Conseils, Aux nouveaux Catholiques de nostre Diocese, salut & benediction.

QUOIQUE *ces Entretiens que nous avons composé sur les Pseaumes, qu'on appelle de la Penitence, puissent estre utiles à tous les fideles que Dieu a confié à nostre conduite; c'est neantmoins particulierement à vous que nous les addressons, Nos tres-chers freres, nouveaux rejettons de sainteté que le saint Esprit a* August. serm. 157.

formez dans son Eglise, germe de pieté, essain nouveau, la fleur de nostre honneur, le fruit de nos tr.·vaux, qui estes nostre joye & nostre couronne, comme parle l'Apostre.

Jerem. 164. *Vous estes enfin devenus les membres vivans de* JESUS-CHRIST, *& l'on publie par tout le monde le miracle de vostre conversion &*
Rom.1. *de vostre foy. Vous ne pouviez pas chanter un Cantique agreable au Seigneur dans une Terre étrangere, où l'on deshonnoroit*
Psal. 136. *sans cesse son saint Nom. Mais puisque Dieu, par sa grace, vous a fait rentrer dans l'Eglise, dans cette sainte Cité où le Seigneur fait paroistre sa grandeur, ad-*
Psal. 147. *mirer sa puissance, & loüer la magnificence de sa bonté ; dans cette heureuse Sion dont les loüanges luy sont si agreables ; Vous avez bien connu que c'estoit*

à preſent que vous pouviez participer au bon-heur dont parle David, quand il dit : Heureux ceux qui habitent dans la maiſon du Seigneur, ils le loüeront pendant les ſiecles des ſiecles. Pſal. 164.

C'eſt pour luy faire ce ſacrifice perpetuel de loüange que vous avez ſouhaité d'avoir les Pſeaumes en langue vulgaire, & nôtre grand Monarque, que vous devez conſiderer comme voſtre pere dans la Foy (puiſqu'il vous a engendré à l'Egliſe, & qu'il vous engendre encore tous les jours par ſes ſoins, par ſa pieté, & par ſon zele, juſqu'à ce que JESUS-CHRIST *ſoit entierement formé dans vous) n'a rien épargné pour ſatisfaire un deſir ſi ſaint. Il a fait faire une verſion des Pſeaumes tout exprés pour vous, & vous l'a fait donner avec une liberalité toute*

Royale. Vous pouvez vous vanter, en recevant de la main du plus grand des Rois les vives expressions du cœur du Saint Roy David, que les Rois sont devenus vos nourrissiers, & que vous estes allaictez par des mamelles doublement Royales.

Isa. c. 49. Et erunt Reges nutritii tui. Cap. 60. Mamilla Regum lactaberis.

C'est un present digne de sa pieté, & vous ne pouvez rien souhaiter de plus utile que les Pseaumes dont l'Eglise s'est toûjours si avantageusement servie. C'étoit l'entretien de saint Augustin au commencement de sa Conversion, & c'estoit sur les Pseaumes qu'il formoit ses prieres, & qu'il faisoit ses Conferences dans l'heureux commencement de sa nouvelle vie avec sa digne & sainte Mere, & son cher Alipius, qui estoit encore Cathecumene.

Confessio. c. Lib. 9. 4.

Toutes les Ecritures estant in-

ſpirées de Dieu, ſont utiles pour nous inſtruire , les unes contiennent des Propheties , les autres des Hiſtoires. Il y en a qui ne renferment que des Regles de Conduite & des Inſtructions. Mais comme dit le même ſaint Auguſtin , tout ce qu'il y a d'utile dans tous ces Livres eſt raſſemblé dans le ſeul Livre des Pſeaumes. Il prédit les choſes futures , il raporte les Hiſtoires des ſiecles paſſez ; il donne des Regles pour la conduite de la vie ; il eſt le treſor general de toute la bonne doctrine ; il guerit d'une maniere prompte, facile & admirable toutes les playes de l'Ame vieilles & nouvelles ; il nous fait perſeverer dans le bien, & reprimer les paſſions les plus violentes. D'autres l'ont appellé le Regiſtre de toute l'Ecriture , la conſommation de toute la Theo-

August. Præfat. in Psal.

logie, un Arsenal semblable à la Tour de David, qui contient toutes les armes des forts, & un Paradis de delices.

Mais comme la profonde science & les grands mysteres qui y sont compris, font, selon la remarque de S. Augustin, que ce qui paroît même le plus clair, a quelquefois de tres-grandes obscuritez.

Il vous est arrivé, Nos Tres-Chers Freres, en lisant la Traduction de ces Pseaumes, ce qui arriva à l'Eunuque de la Reine Candace d'Ethiopie, lorsqu'il lisoit le Livre d'Isaye. Estant interrogé par le Diacre Philippe s'il entendoit ce qu'il lisoit, il avoüa qu'il n'y avoit pas moyen de l'entendre si quelqu'un ne le luy expliquoit. De même lorsque les Curez & les Missionaires de nostre Diocese édifiez de vostre application à l'eſtude & à la lecture des Pſeaumes, vous ont demandé ſi vous entendiez ce que vous liſiez, vous avez répondu que vous ne compreniez pas bien ce qui eſtoit contenu dans les traductions, & que vous aviez beſoin de quelque explication pour les bien entendre & pour les mediter.

Voſtre deſir eſt ſi loüable & ſi ſaint, & voſtre demande eſt ſi juſte & ſi raiſonnable, que nous avons crû qu'il eſtoit du devoir de noſtre charge, qui nous oblige de répondre aux ſaints empreſſemens de tous nos fideles, de vous contenter & de vous ſatisfaire par quelque explication devote & affective des Pſeaumes de David, afin qu'en les méditant le feu de voſtre zele & de voſtre charité ſe rallume de plus en plus.

Et comme l'eſtat où vous eſtes à

preſent eſt un eſtat de penitence & de regret de voſtre vie paſſée, & que vous eſtes dans le commencement d'une nouvelle vie, Nous avons jugé à propos de commencer ces explications par celle des Sept Pſeaumes Penitentiaux, que nous avons redigez en Prieres, en Aſpirations & Entretiens avec Dieu. Si cette methode toute nouvelle d'expliquer les Pſeaumes, qui vous apprendra en méme temps celle de prier, de mediter, & de vous entretenir d'une maniere affective avec Dieu, vous eſt agreable & avantageuſe, Nous vous donnerons en ſuite l'explication de tout le Pſeautier ſelon la méme methode, & nous travaillerons tous enſemble à nous perfectionner dans la voye du ſalut, qui eſt la ſeule choſe à laquelle nous devons aſpirer.

Extraict du Privilege du Roy.

PAR Lettres Patentes du Roy données à Versailles le 9. jour du mois de May 1686. signées SEGONZAC, & scellées du grand Sceau de cire jaune : Il est permis à Monseigneur l'Archevesque d'Alby de faire imprimer, vendre & distribuer par tel Libraire qu'il voudra choisir les Livres intitulez, ***Entretiens affectifs de l'Ame avec Dieu sur les Pseaumes de David, sur tous les Evangiles de l'Année, & pour la retraite des Exercices spirituels***, pendant le temps de dix années : Et deffenses sont faites à tous Libraires-Imprimeurs, & tous autres, de les imprimer, vendre, ny debiter sans le consentement dudit Seigneur Archevêque, ou de ceux qui auront droit de luy, sur peine de confiscation des Exemplaires, trois mille livres d'amende, & de tous dépens, dommages & interests, comme il est porté plus au long par lesdites Lettres : Voulons qu'en mettant au commencement ou à la fin desdits Livres l'Extrait des Presentes, elles soient tenuës pour deuëment signifiées.

Ledit Seigneur Archevêque a cedé son

droit de Privilege au Sieur ANTOINE DEZALLIER Libraire-Imprimeur à Paris, pour en joüir en ſon lieu & place: Fait à Paris ce 11. jour de Juin 1686.

Regiſtré ſur le Livre de la Communauté des Libraires & Imprimeurs de Paris le 11. May 1686.

Signé C. ANGOT, Syndic.

Achevé d'imprimer pour la premiere fois le 30. Juin 1686.

Les Exemplaires ont eſté fournis.

ENTRETIENS

ENTRETIENS AFFECTIFS DE L'AME AVEC DIEU.

PREMIER ENTRETIEN

Sur le Pseaume sixiéme, dans lequel David prie Dieu de le délivrer des maux que ses pechez luy ont attiré. On chantoit ce Pseaume sur un instrument de huit cordes, & peut-estre le huitiéme jour ; & c'est pour cela qu'on l'appelle Pseaume pour la huitiéme.

In finem, in carminibus, pro octava.

JE vous dois dire mon Dieu avec plus de fondement & de raison que David, puisque je me trouve plus chargé d'iniquité que luy.

Domine, ne in furore tuo arguas me, neque in ira tua corripias me.

Seigneur ne me reprenez pas dans vostre fureur, & ne me châtiez pas dans vostre colere.

Je seray abysmé pour toute l'eternité dans l'Enfer, si vostre fureur se décharge sur moy ; & je croupiray toute ma vie dans mes pechez à cause de mon endurcissement, & de mon impenitence, si vous me châtiez dans vostre colere. Je ne m'oppose pas, mon aimable Seigneur, à vostre Justice, j'ay merité les plus severes, & les plus rudes châtimens, puisque j'ay offencé vostre bonté infinie, il est juste que vostre Justice soit satisfaite, & que je sois puny exemplairement, mais faites que la peine que je dois subir soit dans ce monde, non pas par la privation de vostre grace, mais par tous les autres malheurs qui peuvent arriver à une creature, & je m'y ſoûmettray, je les endureray, je vous remercieray, & je vous beniray.

Miſerere mei Domine, quoniam infirmus ſum.

Helas! *Seigneur, ayez pitié de moy, parce que je ſuis dans la langueur, & dans la foibleſſe.*

Ce ſont les deux raiſons que j'ay à vous propoſer pour obtenir le pardon de mes pechez; l'une eſt voſtre miſericorde, l'autre eſt ma foibleſſe; je vous convie, mon adorable Seigneur, à une action qui eſt digne de vous, il s'agit, mon Dieu, de faire miſericorde aux pecheurs, de pardonner aux criminels, d'effacer de nos ames nos fautes, & nos iniquitez. O Dieu! ſouvenez-vous que j'ay eſté conçû dans le peché; ſouvenez-vous que je ſuis venu au monde avec la pante à l'iniquité, que j'ay peine à me ſoûtenir, que je ne ſuis capable de rien faire de bon ſans voſtre aſſiſtance, & ſans voſtre ſecours, & regardant ma miſere avec des yeux de compaſſion, pardonnez-moy, aſſiſtez-moy, ſecourez-moy.

Sana me Domine.

Gueriſſez-moy, Seigneur,

Par l'infuſion de voſtre grace ſanctifiante, & de tous les dons ſurnaturels, gueriſſez-moy en me donnant une parfaite inclination à la vertu, une averſion pour le vice, en me faiſant executer ſans peine vos Commandemens; gueriſſez-moy en éclairant mon entendement, pour connoiſtre les voyes qui ſont neceſſaires pour mon ſalut; gueriſſez-moy enflammant ma volonté pour vous aimer ſans ceſſe; gueriſſez-moy en fortifiant toutes mes puiſſances interieures, & exterieures, pour eſtre ſans interruption, dans la pratique des bonnes œuvres, par lesquelles je vous puisse agréer, & vous plaire: Hé mon Dieu, guerissez-moy.

Quoniam conturbata sunt ossa mea.

Car mes os sont ébranlez.

La crainte m'a penetré jusqu'au fond des os. Les forces me manquent, la douleur me saisit, je suis dans l'accablement.

Et anima mea turbata est valde.

Et mon Ame est extrémement troublée

De se voir chargée d'iniquitez, de se voir à la veille de se separer de son corps, & d'estre obligée de vous aller rendre compte de ses actions. Ah! que ce terrible jour, que ce dernier jour du jugement luy donne de frayeur. Ah! qu'elle est troublée par l'incertitude de ce qu'elle doit devenir aprés la ſeparation du corps. Ah ! qu'elle eſt inquiete, & qu'elle eſt agitée par l'aſſurance de ſa damnation, ſi voſtre miſericorde ne la previent.

Sed tu Domine, uſquequo.

Mais vous, Seigneur, juſqu'à quand

Tarderez-vous de me donner quelque conſolation, de me donner quelque eſperance, de me faire prendre quelque confiance en voſtre bonté, & de voſtre miſericorde, de me faire revenir de mes frayeurs, & de me faire connoître que vous aurez pitié de moy, que vous ne me jugerez pas ſelon que mes actions meritent, mais que voſtre precieux Sang lavera mon ame, effacera mes pechez, que vous me ſauverez, que vous me recevrez dans voſtre gloire.

Convertere Domine.

Tournez-vous vers moy, Seigneur.

Tournez vos yeux vers ce miſerable pecheur, & ayez pitié de luy : Tournez-vous comme un Prince affable, benin, & miſericordieux, vers ce ſujet rebele, qui vous crie mercy, & qui vous jure une fidelité eternelle: Tournez-vous comme un Juge indulgent du coſté de ce criminel, qui avoüe ſon crime, & qui le deteſte : Tournez-vous comme un pere amoureux vers un fils rebele, & deſobeïſſant, qui ſe proſterne devant vous, & qui demande pardon.

Et eripe animam meam.

Et délivrez mon ame

Des malheurs & des dangers où elle ſe trouve : délivrez-là de la puiſſance des demons, qui la tiennent dans l'eſclavage : retirez-là des portes de l'enfer, où elle s'alloit precipiter; délivrez-là des peines eternelles qu'elle a tant de fois merité.

Salvum me fac propter misericordiam tuam.

Et sauvez-moy,

Non pas à cause de mes merites, car je n'en ay point, non pas en consideration de mes larmes, ny de mes prieres, mais *par vostre misericorde*, qui surpasse par son infinité, & par son excellence tous mes crimes, & toutes mes iniquitez.

Quoniam non est in morte, qui memor sit tui, in inferno autem quis confitebitur tibi.

Car on ne se souvient pas de vous dans la mort eternelle, qui vous loüera dans l'enfer?

Helas! mon Dieu, c'est encore

un motif que j'ose vous proposer pour exciter vostre bonté à me sauver, afin que je n'oublie jamais vos graces, & vos bien-faits, & que je ne sois pas reduit à cette maudite & detestable condition, dans laquelle les damnez se trouvent, de ne se souvenir jamais de vous, que pour vous maudire, que pour blasphemer vostre saint Nom.

Laboravi in gemitu meo, lavabo per singulas noctes lectum meum, lacrimis meis stratum meum rigabo.

Ie me suis lassé à force de gemir, je laveray mon lit toutes les nuits, & je l'arroseray de mes larmes.

Donnez-moy, mon Dieu, ce don de larmes que vous donnastes à David, afin que je pleure mes pechez toute ma vie; faites que je passe toutes les nuits dans les gemissemens, & dans la douleur de vous avoir offencé, & que j'arrose mon lit de mes pleurs, que je le perce par mes larmes, puisque j'ay eu la hardiesse, & l'effronterie, de me soûlever contre mon aimable Maistre, & souverain bienfaicteur.

Turbatus est à furore oculus meus.

Mon œil s'est troublé de fureur.

Dans laquelle je suis contre moy-même, Seigneur, de m'estre soûlevé contre vous. Helas! mon Dieu, faites-moy partager avec David cette sainte fureur, que je sois en aversion, en execration à moy-même, d'avoir pû me resoudre à me declarer contre vous, & que je puisse dire comme le Prophete.

Inveteravi inter omnes inimicos meos.

J'ay vieilly au milieu de mes ennemis.

Que la douleur de vous avoir offencé, que la fureur contre moy-même m'abbatte de maniere, que tous les ennemis de mon ame, & de mon corps, que tous les impies, que tous ceux qui ſe ſont ſoûlevez contre vous me trouvent las & fatigué, déchû, & abattu comme un vieillard, comme un homme qui eſt à la fin de ſa courſe,& dont les jours vont finir.

Diſcedite à me omnes qui operamini iniquitatem,quoniam exaudivit Dominus vocem fletus mei.

Retirez-vous de moy, vous tous qui commettez l'iniquité, parce que le Seigneur a écoûté la voix de mes pleurs.

Je prends la même reſolution que

le Prophete , & je me retire de la compagnie des pecheurs & des impies , qui m'ont sollicité à pecher ; je prends congé de tous ceux qui ont esté pour moy une pierre d'achoppement, & une occasion de vous offencer, mon Dieu ; je ne resteray plus dans la mauvaise compagnie, je quitteray les mauvaises habitudes; je ne chercheray plus les divertissemens, je ne m'arresteray plus à la vanité , & à la folie du siecle ; je me tiendray dans la retraite, & je pleureray le temps perdu , & le temps mal employé, je pleureray mes fautes, & mes iniquitez, attendant, mon Dieu, que vous me fassiez la même grace qu'à David, que vous écoûtiez la voix de mes pleurs: Faites mon adorable Seigneur que je puisse dire avec luy.

Exaudivit Dominus deprecationem meam, Dominus orationem meam ſuſcepit.

Le Seigneur a écoûté ma demande, le Seigneur a reçû ma priere.

Et cependant je vous ſupplie, que les pecheurs, & les impies, que je regarde comme les ennemis mortels de mon ame, ſoient dans la confuſion & dans le trouble, qu'ils ſe retirent promptement chargez de honte & de confuſion, afin que leur mauvais exemple ne me ſoit plus une occaſion de pecher.

Erubeſcant, & conturbentur vehementer omnes inimici mei, convertantur, & erubeſcant valdè velociter.

Que tous mes ennemis rougiſſent, & ſoient extrémement troublez, qu'ils ſoient confus, & qu'ils ſe retirent promptement de moy.

II. ENTRETIEN.

Sur le Pseaume trente-uniéme, qui est appellé par les Hebreux le cœur de David, & a pour titre, Intelligence à David, parce qu'il connoît dans ce Pseaume ses pechez, il les pleure, & il exhorte courageusement les autres pecheurs de se donner à Dieu par l'esperance de sa misericorde, & par la crainte de ses châtimens.

Ipsi David intellectus.

Beati quorum remissæ sunt iniquitates, & quorum tecta sunt peccata.

Heureux ceux dont les iniquitez sont pardonnées, & dont les pechez ont esté couverts.

J'Ay esté jusqu'icy, mon Dieu, si fort aveuglé, & si fort attaché à la vanité, & à l'exterieur de ce monde, que j'ay crû que tout le bonheur de la vie consistoit aux biens, & aux richesses, que ceux-là estoient heureux qui estoient les plus élevez, & les plus considerez, qui estoient les mieux partagez des biens de la fortune, qui estoient dans la faveur des grands, & qui s'attiroient le respect de tous les autres, & dans cet aveuglement je n'ay songé qu'à m'élever aux charges & aux dignitez, qu'à gagner les bonnes graces des Princes, qu'à me procurer des biens, & des richesses, qu'à élever ma famille, & agrandir mes parens, & j'ay si peu pensé à mon ame, j'ay songé si peu au vray bonheur, dont je pouvois joüir en ce monde même, en m'attachant uniquement à vous, que j'ay negligé tout ce qui pouvoit procurer mon salut, tout ce qui me pouvoit rendre heureux pendant la vie, & bien-heureux aprés la mort. Je reconnois, mon Dieu, que je me suis trompé, & je dis avec David, que ceux-là seulement sont heureux, dont les iniquitez ont esté pardonnées, & dont les pechez ont esté couverts & effacez par l'infusion de vostre sainte grace.

Beatus vir cui non imputavit Dominus peccatum, nec est in spiritu ejus dolus.

Heureux l'homme à qui le Seigneur n'a pas imputé son peché, & dont l'esprit est sans déguisement.

Voila le bonheur auquel je devois aspirer, c'est à quoy je devois travailler, à m'accuser devant vous, mon Dieu, à vous demander pardon, à tâcher par mes prieres, & par mes gemissemens de l'obtenir, à vous fléchir par ma penitence, à me donner vostre grace sanctifiante, afin que mes pechez fussent couverts par cette robbe precieuse, ou robbe nuptiale, comme vous avez dit, ou par ces excellens medicamens, comme vous avez fait dire à saint Gregoire, qui couvrent les playes des ames pecheresses,

resses, & qui les guerissent. Je devois faire consister mon bonheur à me remettre bien avec vous, mon adorable Seigneur, de bon cœur, sincerement, & sans déguisement, afin que vous eussiez la bonté de ne m'imputer pas mes fautes, de les oublier, & de me délivrer de la peine eternelle qui m'estoit justement deuë. Miserable que je suis, je diray avec le Prophete :

Quoniam tacui.

Parce que je me suis tu.

David demeura prés d'un an dans son peché, il negligea de s'accuser devant vous, il differa sa penitence, il attendit que le Prophete Nathan l'avertit de son devoir, & il se crut, avec raison, miserable & malheureux, par ce silence, & par cet endurcissement, en quel estat de malheur & de misere ne me dois-je pas croire, mon Dieu, d'avoir continué plusieurs années à faire des pechez, de vous avoir offencé presque toute ma vie, de ne m'estre souvenu qu'à la fin de mes jours de me tourner vers vous, d'avoir negligé de vous demander pardon, de n'avoir fait aucune penitence de mes crimes, d'avoir méprisé les avertissemens qu'on m'a donné, de m'attacher à vous. Ah! que je suis miserable, que je suis malheureux de m'estre tû, de ne vous avoir pas demandé pardon, de n'avoir pas imploré vostre misericorde, de n'avoir pas fait tous mes efforts pour obtenir ma grace : mais je feray tout mon possible pour reparer ma faute, & à l'exemple de David, qui aprés avoir connu son peché disoit :

Inveteraverunt ossa mea, dum clamarem tota die.

Mes os se sont envieillis à force de crier tout le jour.

Je crieray sans cesse, mon Dieu, & j'auray recours à vous sans me donner aucun repos, & sans aucun relâche, juſqu'à briſer mes os, juſqu'à tomber de laſſitude, & de foibleſſe, juſqu'à vieillir dans mes demandes, pour obtenir la remiſſion de mes pechez.

Quoniam die ac nocte gravata eſt ſuper me manus tua.

D'autant plus que voſtre main s'eſt appeſantie ſur moy pendant le jour, & durant la nuit.

Le Prophete reſſentit la peſanteur de voſtre main, à cauſe de ſon peché, par pluſieurs afflictions que vous luy envoyâtes, par la mort de ſon fils né dans l'adultere, par le violement de ſa fille, qu'Amon ſon frere des-honnora, par la mort de celuy-cy qu'Abſalon ſon autre fils maſſacra, par la rebellion, & par la perſecution d'Abſalon même. Helas! que ne meriterois-je pas de ſouffrir, aprés une ſi longue ſuite de crimes, dont mon ame eſt coupable, quelles afflictions & quels maux ne devrois-je pas endurer, aprés des pechez si énormes, & tant d'iniquitez que j'ay commises, & neanmoins vous en avez usé avec plus de douceur, & plus de misericorde envers moy, qu'envers David, qui n'estoit pas si criminel que je le suis; quelle confusion, quelle douleur pour moy, en recevant de vous toutes sortes de bons traitemens, d'avoir esté plus endurcy que les autres au milieu de leurs afflictions; c'est sur moy, mon Dieu, que vostre main devoit s'appesantir; c'est moy qui devoit perdre mes parens, mes proches & mes amis; je devois estre reduit à la pauvreté, & à la mendicité, je devois estre abandonné de tout le monde, je devois estre en execration, & en horreur à tout le genre humain, pour vous avoir si griévement & si cruellement offencé. En faisant reflexion à tous ces malheurs je me serois peut-estre plûtost converty, ainsi qu'il arriva à David, qui disoit:

Converſus ſum in ærumna mea, dum configitur ſpina.

Ie me ſuis converty dans mon affliction, pendant que l'épine me perçoit.

L'épine de la douleur, ou l'aiguillon de la conſcience, ſelon ſaint Jerôme. Vous avez connu ma foibleſſe, Seigneur, le deſeſpoir peut-eſtre m'auroit pris, ſi j'avois eſté ſi perſecuté, ſi affligé que David; j'aurois ſuccombé ſous le poids de tant de malheurs, & je n'en aurois pas profité pour le bien, & pour l'avantage de mon ame comme David, ſi vous m'en aviez tant chargé que luy. Je vous ſuis obligé, mon doux Seigneur, de ne m'avoir pas mis à une ſi dure épreuve, & que m'ayant percé par l'aiguillon de ma conſcience, par le remords de mes pechez, vous m'ayez ramené à vous, vous m'ayez converty. Helas! je ne veux plus differer, je ne veux plus cacher mes crimes, je m'en vas vous découvrir mes iniquitez, ouy Seigneur.

Delictum meum, cognitum tibi feci, & injustitiam meam non abscondi.

Je vous ay fait connoître mon peché, & je n'ay point caché mon injustice.

Dans la componction de mon cœur, dans la douleur, & dans la confusion où je suis :

Dixi confitebor adversum me injustitiam meam, Domino, & tu remisisti impietatem peccati mei.

J'ay dit, je confesseray moy-même mon iniquité au Seigneur, & vous avez remis l'impieté de mon peché.

Quelle plus grande injustice que

de vous avoir offencé, mon Dieu, car il eſt juſte de vous aimer, de vous adorer, & de vous ſervir; peut-on eſtre plus injuſte que je l'ay eſté de vous avoir deſobey, de vous avoir offencé, de vous avoir trahy? Je confeſſe devant vous cette horrible, & cette execrable injuſtice, & en vertu de cette ſincere & douloureuſe confeſſion, j'eſpere que vous me pardonnerez les impietez de tous mes pechez, comme vous les avez pardonnez à David.

Pro hac orabit ad te omnis Sanctus in tempore opportuno.

C'eſt pour cela que chaque Saint vous adreſſera ſes prieres dans un temps favorable.

En effet, mon adorable Seigneur, toutes les perſonnes pieuſes, tous les fideles, qui par la ſainteté de voſtre loy ſont appellez Saints, ainſi que tous les Chreſtiens eſtoient appellez

Saints par S. Paul, voyant ma conversion vous adresseront leurs prieres dans le temps favorable & propre à trouver misericorde, & à obtenir pardon de leurs pechez. Ma conversion, mon Dieu, faisant éclater vostre bonté & vostre misericorde, excitera un chacun à vous la demander, à vous prier d'oublier ses fautes, d'autant plus que le temps luy est propre & favorable, puisqu'il n'est dans ce monde que pour vous prier de la luy accorder.

Verumtamen in diluvio aquarum multarum, ad eum non approximabunt.

Aussi dans le deluge de plusieurs eaux elles n'approcherent pas de luy.

Je n'ay pas profité, à mon grand regret, de ce temps que Dieu m'a donné depuis qu'il m'a mis au monde, pour avoir recours à luy; j'ay negligé toutes les occasions que j'ay eu eu de retraite, de jeûnes, de veilles, d'abstinences, d'assistances aux Eglises, de frequentations des Sacremens, & de toutes les bonnes œuvres, que j'ay fait plûtost par coûtume, par habitude, pour faire ce que les autres font, & pour éviter le blâme, & le reproche des autres fideles; je les ay negligé, dis-je, lorsque je les pouvois faire valoir auprés de vous, mon Dieu, pour la satisfaction, & pour la reparation de mes fautes; mais puisqu'il me reste encore quelque jour de ce temps favorable, puisque vous me laissez encore en vie, j'en profiteray, mon Dieu, & me trouvant excité par l'exemple de David: Je reviens de tous mes égaremens, je me donne entierement à vous, mon aimable & adorable Seigneur, & je vous adresse ma priere, pour joüir de la promesse que David me fait de vostre part; faisant allusion au grand deluge qui fit perir les impies, & qui n'approcha pas de Noë, ny de sa famille, parce qu'ils estoient des personnes justes. Pour joüir, dis-je, de cette promesse, que dans le plus fort deluge des calamitez, & des miseres, qui accableront les pecheurs, soit dans ce monde, ou dans l'autre, soit presentement, ou dans le dernier jour, lorsqu'un deluge de feu consommera tout l'Univers, & entraînera les impies dans les enfers, Que ce deluge de misere & d'accablement n'approche pas de moy, que j'en sois à couvert, que j'en sois exempt, mon Dieu, puisque j'ay eu recours à vous.

Tu es refugium meum à tribulatione quæ circumdedit me, exultatio mea, erue me à circumdantibus me.

Vous estes mon refuge contre l'affliction qui m'a environné, vous estes ma joye; délivrez-moy de ceux qui sont à l'entour de moy,

Soit des maux que j'ay merité,

ſoit des ennemis qui m'oppriment, & qui m'accablent. Helas mon Dieu ! qu'aurois-je fait ſans vous, dans l'affliction où je ſuis, de vous avoir offencé, dans la crainte où je dois eſtre de vos châtimens, le deſeſpoir peut-eſtre m'auroit pris, j'aurois douté de mon pardon, je me ſerois défié de voſtre miſericorde. Vous ſeul eſtes mon refuge, vous ſeul avez mis le calme dans mon ame, vous ſeul m'avez conſolé, & encouragé de retourner à vous. O Dieu ! la joye de mon ame, délivrez-moy de ceux qui m'environnent. David avoit des ennemis, & des afflictions qui l'environnoient ; quoy que mes pechez ſoient en plus grand nombre que les ſiens, & que j'aye merité d'eſtre plus tourmenté, & plus perſecuté que luy, vous n'avez pas permis pourtant que les maux que j'ay merité m'ayent attaqué, vous avez eu tant de bonté pour moy, que vous n'avez pas voulu que je les aye ſouffert ; mais vous me les avez fait ſeulement enviſager, vous les avez laissez seulement à l'entour de moy , sans qu'ils m'ayent attaqué, & n'ayant d'autres ennemis que ceux de mon ame , que les demons, qui m'observent, & qui m'environnent pour me perdre , je vous prie, Seigneur, de m'en délivrer , de les chasser , de les éloigner de moy ; vous m'avez écoûté, & vous me répondez comme à David.

Intellectum tibi dabo , & instruam te in via hac qua gradieris.

Ie te donneray l'intelligence , & je t'instruiray dans la voye dans laquelle tu marcheras.

Si vous me donnez , mon Dieu, la connoissance de ce que je dois faire , si vous avez la bonté de m'instruire, & de me conduire dans le chemin que je dois tenir , j'auray sujet d'esperer l'autre grace que vous fistes à David , lorsque vous luy dites ,

Firmabo ſuper te oculos meos.

J'arreſteray mes yeux ſur toy.

Quel bonheur pour une ame, lorſque vous arreſtez les yeux ſur elle? quel bonheur pour une creature, lorſque vous avez l'œil ſans ceſſe ſur elle pour la conduire; & ſi quelques Autheurs ont dit ſur ce paſſage, qu'aprés cette promeſſe que vous fiſtes à David, d'avoir toujours vos yeux ſur luy, il ne pecha plus mortellement; mais de ce moment là il fut confirmé en grace; quel bonheur ſera le mien, ſi eſtant toujours regardé de vos yeux, ſi eſtant conduit par vous, je ne vous offence plus mortellement, je ne tombe plus dans des pechez qui meritent l'éloignement de voſtre preſence, & la peine eternelle. O Dieu! ne me perdez pas de veuë, je vous prie regardez-moy, ayez l'œil ſur moy, conduiſez-moy, afin que j'évite le peché mortel, afin que je ne ſois jamais ſi malheureux que de vous offencer mortellement , afin que je ne me tourne jamais contre vous , que je ne ſois pas du nombre de vos ennemis , mais que je vous louë & que je vous beniſſe , comme mon cher & adorable conducteur , comme le Sauveur de mon ame.

Nolite fieri ſicut equus & mulus quibus non eſt intellectus.

Ne devenez pas ſemblable au cheval, & au mulet, qui ſont ſans raiſon.

Vous faites parler David au reſte des hommes , preſentement que vous avez arreſté les yeux ſur luy, & que vous le conduiſez , & vous leurs faites donner cette inſtruction, de ne reſſembler pas aux chevaux , & aux mulets , & generalement aux beſtes brutes , qui ne ſe gouvernent pas par la raiſon , mais qui ſe laiſſent conduire par leurs appetits, par leurs ſens, & par leurs paſſions; & ainſi que le cheval eſt le ſimbole de l'impureté, & le mulet de l'ingratitude, qui ſe tourne contre celuy qui le careſſe, ſans pouvoir eſtre entierement aprivoiſé, vous leurs faites propoſer ces deux beſtes, afin qu'ils évitent de leurs reſſembler, & que fuyant l'impudicité, qui eſt l'origine & la ſource de preſque tous les pechez, ils ne tombent jamais dans le peché d'ingratitude envers vous, à qui ils doivent leur eſtre. Helas! Seigneur, faites que je profite de cette leçon, ne permettez pas que je m'abandonne à mes ſens, ny que je ſuive mes paſſions; ne permettez pas que je reſſemble aux beſtes brutes, faites que la raiſon me gouverne, que j'évite l'impudicité, que je fuye les occaſions de vous offencer, & que je ne ſois jamais ingrat à tant de bienfaits que j'ay reçû de vous; & ſi mes mauvaiſes inclinations, & mon mauvais naturel me faiſoient pancher du côté du vice, & de l'ingratitude, exaucez, je vous ſupplie, la priere que je vous adreſſe avec David.

In chamo & fræno maxillas eorum conſtringe, qui non approximant ad te.

Serrez avec le mors & la bride la bouche de ceux qui ne s'approchent pas de vous.

Je ne veux pas reſſembler aux beſtes brutes, parce que je me veux gouverner ſelon la raiſon, & que je ne veux pas m'écarter de mon devoir ; mais ſi j'eſtois tenté de m'égarer, & que je ſois aſſez lâche de ſuccomber à cette tentation, traitez-moy je vous prie de la maniere que l'on traite ces animaux déraiſonnables, faites en ſorte que je vous obeïſſe, détournez-moy du precipice, obligez-moy par des cris, par des menaces, par des afflictions, par des piqueures, en tirant, s'il faut ainſi dire, la bride, & me faiſant ſentir le mors comme aux beſtes, afin que je me ſoûtienne, afin que je ne tombe pas dans le peché, que je ne bronche aucunement dans la voye de la vertu, & qu'au contraire je m'approche de vous, je me laiſſe conduire par vous, que je vous ſuive, & que je vous obeïſſe; je ſuis d'un naturel ſi dur, & ſi porté au mal, que la douceur & les careſſes ne font point d'impreſſion ſur moy, obligez-moy par la dureté, & par la rigueur, à me mettre à voſtre ſuitte, à ne me détourner jamais du bon chemin, à ne m'engager jamais dans la compagnie des pecheurs, d'autant plus que,

Multa flagella peccatoris, ſperantem autem in Domino, miſericordia circumdabit.

Les pecheurs ſeront frappez de pluſieurs fleaux, mais la miſericorde environnera celuy qui eſpere dans le Seigneur.

On voit par experience, mon Dieu, que les pecheurs sont plus tourmentez que les autres dans ce monde; qui pourroit dire les fleaux dont les ambitieux sont frappez, ceux que les avares souffrent, les malheurs dont les impudics sont accablez, & tous les maux qui arrivent à ceux qui vivent dans le peché, attendant toujours la mort eternelle; mais ceux qui esperent en vous, joüiront même pendant cette vie des effets de vostre misericorde, ils joüiront de la paix de leur conscience, ils seront dans la joye, de suivre vos ordres & vos conseils; vous les assisterez dans leurs besoins, vous les aiderez dans leur travail, vous les consolerez dans leurs petites afflictions, vous les recompenserez dans ce monde, & dans l'autre. Je renonce, mon Dieu, à la vie inquiete & turbulente des pecheurs, je me suis lassé dans la voye de l'iniquité, on m'a mené par des chemins rudes, & difficiles, le chemin de la vertu est plus droit, plus aiſé, & plus agreable. Je trouve ma ſatisfaction & mon avantage à vous ſuivre, je ne vous quitteray jamais, je vous ſuivray par tout; j'eſpere que vous me ferez miſericorde, & que j'en joüiray avec vos Elûs ſur la terre, & dans le Ciel. C'eſt ce que David leur dit.

Lætamini in Domino, & exultate juſti, & gloriamini omnes recti corde.

Rejoüiſſez-vous, juſtes, dans le Seigneur, & ſoyez ravis de joye, & glorifiez-vous, vous tous qui avez le cœur droit.

Ceux que David appelle heureux au commencement de ce Pſeaume, parce que vous leurs avez pardonné leurs iniquitez, ſont regardez par luy à la fin comme juſtes, & il les convie à ſe réjoüir, & à ſe glorifier en vous. Ah! que le juſte a raiſon de ſe réjoüir: Ah! qu'un pecheur converty a ſujet de ſe glorifier en vous. Il a eſté tiré de l'eſclavage du demon, il eſt hors de l'inquietude, & de l'embarras du peché, il n'eſt plus tourmenté du remord de la conſcience, il a échappé de la mort eternelle, il eſt rétably dans vos bonnes graces, il doit vivre eternellement avec vous. Faites-moy part, mon Dieu, de cette joye, vous qui faites d'un injuſte un juſte, vous qui faites d'un pecheur un Saint, juſtifiez-moy, ſanctifiez-moy, pardonnez-moy mes fautes, recevez-moy au nombre de vos amis & ſerviteurs, afin que je me puiſſe réjoüir en vous, & qu'avec une droiture de cœur je me glorifie en vous preſentement, & dans l'Eternité.

III. ENTRETIEN.

Sur le Pseaume trente-septiéme, qu'on appelle Pseaume de David, pour se ressouvenir du sabbat, soit qu'on le chantast le jour du Sabbat, soit qu'on se souvint de la paix, ou du repos dont l'homme joüissoit dans le Paradis terrestre, & qu'il a perdu par son peché; c'est ce repos que le nom de sabbat signifie. David composa ce Pseaume lorsqu'il fuyoit de Jerusalem, persecuté par son fils Absalon. Les Septantes ajoûterent au titre le nom du Sabbat, ce mot n'estoit pas dans l'Hebreu.

Domine, ne in furore tuo arguas me, neque in ira tua corripias me.

Seigneur ne me reprenez pas dans vostre fureur, & ne me châtiez pas dans vostre colere.

SI vous me reprenez dans vostre fureur, & selon que je merite, &

ſi vous me châtiez dans voſtre colere, ce ſera fait de moy, je ſeray juſtement condamné aux peines eternelles, il n'y aura point de pardon pour moy. Ne me châtiez pas comme un Juge rigoureux, ou comme un maiſtre ſevere, qui impoſe les peines qui ſont deuës au crime, ſelon que la Loy ordonne; & le motif que j'ay de vous faire cette demande, eſt le même que celuy de David.

Quoniam ſagittæ tuæ infixæ ſunt mihi, & confirmaſti ſuper me manum tuam.

Parce que vos fléches m'ont penetré, & que vous avez appeſanty voſtre main ſur moy.

Vous ne perçaſtes pas David, Seigneur, par des fléches materielles & viſibles, mais par des reproches terribles que vous luy fiſtes faire de ſon adultere, & de ſon homicide, par le Prophete Nathan, par des menaces, par des rigueurs. Ah ! que ces fléches percerent vivement le cœur de David. Ah ! qu'il trouva bien que vostre main s'appesantissoit sur luy. Helas ! mon Dieu, je suis percé, je suis accablé de douleur ; les reproches que ma conscience me fait à toute heure, de vous avoir offencé ; les approches du dernier Jugement, les menaces de vostre indignation, & de vostre disgrace, les rigueurs des peines de l'enfer m'ont tellement penetré, que je trouve comme David, que vostre main s'est fort appesantie sur moy, quoy qu'avec beaucoup de justice.

Non est sanitas in carne mea, à facie iræ tuæ, non est pax ossibus meis à facie peccatorum meorum.

Il n'y a point de santé dans ma chair à la veuë de vostre colere, il n'y a point de paix dans mes os à la veuë de mes pechez.

Je suis si étonné, & si effrayé, Seigneur, vous voyant en colere contre moy, que j'en suis malade, j'ay l'esprit troublé, la tristesse m'accable, mon corps tombe en défaillance ; la veuë de mes pechez me fait trembler ; mes os sont agitez, fremissent, se remuent, & ne me laissent aucunement en paix.

Quoniam iniquitates meæ, supergressæ sunt caput meum, & sicut onus grave gravatæ sunt super me.

Parceque mes iniquitez se sont élevez par dessus ma teste, & elles m'ont surchargé comme un fardeau fort pesant.

En effet, Seigneur, lorsque je pense, & que je fais reflexion à l'énormité de mes crimes, à l'ingratitude avec laquelle j'en ay usé avec vous, à la veuë de vos bienfaits, aprés avoir reçû de vous tant de graces,

graces, tant de faveurs, lorſque je ſonge que je ſuis tombé dans voſtre diſgrace, que je me ſuis attiré voſtre indignation, & que ſelon la juſte rigueur de voſtre juſtice, je devrois ſouffrir une peine eternelle; je devrois eſtre abiſmé pour toute l'eternité dans l'enfer, en la compagnie des demons, & des damnez : je me perds, mon eſprit ſe trouble, je ſuis dans un embarras & une inquietude étrange; j'ay un fardeau ſur moy qui m'eſt inſupportable. Helas!

Putruerunt & corruptæ ſunt cicatrices meæ, à facie inſipientiæ meæ.

Mes playes ſe ſont pourries, la corruption s'y eſt miſe à la veuë de ma folie.

Peut-on commettre une plus grande folie que d'abandonner un bien eternel, pour s'attacher à un bien paſſager & periſſable; que dis-je, un bien, pour s'attachor à une apparence de bien, à un mal effectif, & cruellement dommageable; de se separer du Createur, pour estre dominé & tyrannisé par les creatures, de changer la gloire pour l'infamie, le Paradis pour l'enfer, de vous déplaire enfin, Bonté infinie, pour plaire au demon, au monde, à la chair, mes plus cruels ennemis. Ah! que cette folie a malheureusement gangrené les playes de mes pechez; la pourriture & la corruption s'y est mise par le peu de soin que j'ay apporté à les faire penser, à les montrer aux Prestres, aux Confesseurs; je me suis mis en mauvaise odeur chez mes voisins, chez mes amis; j'ay scandalisé tous ceux qui me connoissent; un chacun a horreur de mes pechez, on ne peut pas souffrir la puanteur de mes crimes.

Miser factus sum, & curvatus sum usque in finem tota die contristatus ingrediebar.

Ie suis devenu miserable, je suis continuellement courbé, je marchois tout le jour avec un visage triste.

On ne peut pas estre plus miserable que de s'estre rendu esclave du demon, de s'estre soûmis à ses volontez, de luy avoir engagé son ame, de s'estre mis à sa discretion; cette misere, cette douleur m'a si fort abbattu que j'en suis presque toujours courbé, que je n'ose pas regarder le Ciel, & que je marche toujours plain de tristesse & de mélancolie: & quelle joye peut-on avoir lorsqu'on a déplû à son maistre, de quelle joye puis-je estre capable, aprés avoir encouru vostre disgrace, mon Dieu, aprés vous avoir offensé, aprés m'estre declaré contre vous: vous m'avez pardonné, il est vray, mais je ne puis pas reprendre encore tout à fait ma joye, la mélancolie, la tristesse m'occupent encore.

Quoniam lumbi mei impleti ſunt illuſionibus.

Parce que mes reins ſont remplis d'illuſions.

Parce que j'ay l'ennemy dans mes reins, qui me remplit de mille imaginations criminelles ; C'eſt une grande affliction, mon Dieu, de ſe voir tenté, & attaqué par des illuſions contraires à l'honeſteté, d'avoir une autre loy dans ſon corps qui repugne à la voſtre, de ne pouvoir pas entierement ſoûmettre ſes propres paſſions, & que l'âge, les incommoditez, & les plus fortes occupations ne puiſſent pas empêcher tant de penſées vaines & impertinentes, dont l'eſprit ſe remplit, quoyque l'on ſoit foible, abbatu, & languiſſant.

Et non ſanitas in carne mea.

Et qu'il n'y ait plus de ſanté dans mon corps.

Helas Seigneur ! faites par vostre grace que cette langueur, que cet abbattement, empêche les tentations de la chair.

Afflictus sum & humiliatus sum nimis, rugiebam à gemitu cordis mei.

Ie suis affligé & humilié extremement.

C'est une grande humiliation, mon Dieu, d'estre si honteusement attaqué, délivrez-moy de cette ignominie, mon cœur estoit comme dans le rugissement à force de gemir.

Domine ante te omne desiderium meum, & gemitus meus à te non est absconditus.

Seigneur vous connoissez tout mon desir, & mon gemissement ne vous est point caché.

Vous sçavez que je ne souhaite rien tant que de vivre en vous, & selon vostre loy; vous sçavez l'horreur que j'ay de tout ce qui peut aller contre vous, de tout ce qui peut vous déplaire; vous sçavez l'aversion que j'ay pour toute sorte de pechez, & particulierement pour ceux qui sont contre la pureté & la chasteté; & puisque mes larmes ne vous sont pas cachées, faites qu'elles obtiennent de vous une parfaite délivrance de ces tentations sales & deshonestes.

Cor meum conturbatum est, dereliquit me virtus mea, & lumen oculorum meorum, & ipsum non est mecum.

Mon cœur est tout troublé, mes forces me quittent, la lumiere de mes yeux m'abandonne, & elle n'est plus avec moy.

Mon cœur est dans de continuelles agitations au milieu de tant de dangers de vous offencer, & de m'écarter de mon devoir; de sorte que j'en suis affoibly, le cœur me manque, & à force de pleurer mon peché, & le malheureux estat où je suis accablé de tentations, & environné de mille occasions de vous offencer, j'ay presque perdu la lumiere de mes yeux, elle ma presque abandonné; tout cela est un effet de mes pechez, c'est pour me punir aussi du mal que j'ay fait. C'est ainsi que vous permistes qu'Absalon fils de David le persecuta; que Semei le maudit, qu'Achitophel conjura contre sa personne, & que la plus grande partie de ses sujets se soûleva contre luy; en sorte qu'il disoit:

Amici mei & proximi mei adversum me appropinquaverunt, & steterunt.

Mes amis & mes plus proches se sont approchez, & se sont élevez contre moy.

Ah ! que je meritois bien plus que David d'estre abandonné de tout le monde, que mes amis me quittassent, qu'ils devinssent mes ennemis, & qu'ils se tournassent contre moy, à cause de mes iniquitez; toutes les creatures se devroient armer pour tirer vengeance de ma rebellion contre mon Createur, afin que je pusse dire avec plus de raison que David :

Et qui juxta me erant de longe steterunt, & vim faciebant, qui quærebant animam meam.

Ceux qui estoient auprés de moy s'en sont éloignez, & ceux qui cherchoient mon ame faisoient violence.

Helas Seigneur ! il est juste que tout le monde me fasse violence, puisque j'ay violé toutes les loix de la nature, que je vous ay payé d'ingratitude, d'ingratitude, que je vous ay si souvent & si griévement offensé ; que ceux qui machinent contre ma vie se satisfassent, je ne suis pas digne de vivre, puisque je me suis tourné contre mon bienfaicteur, qui m'a donné la vie.

Et qui inquirebant mala mihi, locuti sunt vanitates, & dolos tota die meditabantur.

Ceux qui me procuroient des maux ont tenu de vains discours, & meditoient tout le jour quelque tromperie.

Je ne merite pas qu'on parle bien de moy, il n'est pas juste que je sois en bonne reputation ; qu'on tienne de méchans discours de moy, ils seront bien fondez, il y a sujet de parler contre ma personne, & contre mes actions criminelles, je ne merite pas qu'on garde aucune mesure à mon égard ; je souffriray avec patience que tout le monde me trompe, puisque je vous ay manqué de parole, mon Dieu, que je vous ay esté infidele, que je ne vous ay pas tenu ce que je vous ay tant & tant de fois solemnellement promis; qu'ils disent contre moy ce qu'ils voudront, j'en useray comme David, qui disoit :

Ego autem tanquam surdus non audiebam, & sicut mutus non aperiens os suum.

Mais pour moy je ne les écoûtois non plus qu'un sourd, & je n'ouvrois non plus la bouche qu'un muet.

Que pourrois-je dire, n'ont-ils pas raison de me blâmer, ne merite-je pas qu'on machine, que l'on conspire contre un pecheur si abominable que moy; je diray comme David ;

Et factus ſum ſicut homo non audiens, & non habens in ore ſuo redargutiones.

Ie ſuis devenu comme un homme qui n'entend point, & qui n'a pas dans ſa bouche dequoy repliquer.

Quand même je ſerois irreprochable, je ne répondray point, je ne me défendray point, je remets entre vos mains tout ce qu'on dit contre moy, tout le mal qu'on me fait.

Quoniam in te Domine ſperavi, tu exaudies me Domine Deus meus.

Puiſque j'ay eſperé en vous, Seigneur, vous m'exaucerez Seigneur mon Dieu.

Vous connoiſſez tout, vous penetrez tout, vous ſçavez le beſoin que j'ay d'eſtre exercé, d'eſtre tourmenté, de ſouffrir, ce ſera à vous de faire ceſſer les mauvais bruits, & les perſecutions quand vous le jugerez à propos, je m'abandonne à vous, je ne veux point d'autre ſecours que le voſtre, toutes mes eſperances ſont en vous, vous eſtes mon Maiſtre, mon Seigneur, & mon Dieu, faites de voſtre chetive creature ce qu'il vous plaiſt.

Quia dixi.

Car j'ay reſolu

De me taire, de ne pouſſer aucune plainte ny aucun murmure, de ne rien répondre, de ne rien repliquer.

Ne quando ſupergaudeant mihi inimici mei.

Afin que je ne devienne pas un ſujet de joye à mes ennemis,

Qui ſeroient ravis de me voir

dans l'impatience, de me voir dans la colere, comme un homme qui s'échape, & qui s'emporte, & qui aprés avoir presché aux autres la moderation & la souffrance, n'a pas eu la force de pratiquer ce qu'il conseille aux autres, je souffriray patiemment, quoy que

Et dum commoventur pedes mei, super me magna locuti sunt.

Pendant que mes pieds sont chancelans, ils ayent dit beaucoup de choses contre moy.

Les pieds de David avoient perdu leur fermeté, ils estoient ébranlez, ils estoient chancelans, à cause que sa couronne periclitoit, il courroit risque de la perdre par les menaces d'Absalon son fils; mes pieds l'ont esté encor plus, Seigneur, parce que j'ay esté en estat de perdre vôtre Royaume par les suggestions du demon, par ma mauvaise conduite, par mes mœurs dépravées, par les rebellions que j'ay faites contre vous, & ainsi l'on peut dire beaucoup de choses contre moy, car je suis la cause du murmure & des plaintes de toutes les creatures, j'ay merité toutes les insultes qu'on me fait, & je ne me plaindray pas.

Quoniam ego in flagella paratus sum, & dolor meus in conspectu meo semper.

Car je suis preparé aux châtimens, & ma douleur est toujours presente devant moy.

Je suis preparé, Seigneur, à recevoir tous les châtimens qu'il vous plaira m'envoyer, je n'en excepte aucun, je les ay tous meritez, il n'y en a point, pour rude qu'il soit, qui ne soit dû à mon crime; & par dessus les châtimens que vous m'envoyerez, j'en auray un interieur plus sensible que tous les autres, & qui ne me quittera jamais, qui est la douleur de vous avoir offensé, elle sera connuë de tout le monde.

Quoniam iniquitatem meam annuntiabo, & cogitabo pro peccato meo.

Car j'avouëray mon iniquité, & je penseray à mon peché sans cesse.

Je feray sçavoir à toute la terre, je publieray par tout, que je suis un miserable pecheur, cette confusion me satisfera, elle m'humiliera, elle vous sera peut-estre agreable, & j'auray toujours dans ma pensée l'enormité de mes crimes pour les detester, pour les pleurer, pour augmenter ma douleur, & ma peine.

Inimici autem mei vivunt, & confirmati sunt super me, & multiplicati sunt qui oderunt me iniquè.

Cependant mes ennemis vivent

& se sont fortifiez contre moy, & ceux qui me haïssent injustement se sont multipliez.

C'est encore un des motifs que David vous proposoit pour exciter vostre misericorde, c'est que ses ennemis, Absalon, Architophel, & les peuples revoltez s'estoient fortifiez contre luy, le nombre de ceux qui le persecutoient injustement augmentoit tous les jours. Helas Seigneur ! je n'ay point d'ennemis visibles, quoyque je merite que toutes les creatures s'unissent & conjurent contre moy, puisque j'ay eu la hardiesse de me revolter contre vous ; mais j'ay des ennemis invisibles & interieurs, j'ay mes passions, j'ay mes perverses & méchantes inclinations; ayez pitié de moy, mon Dieu, elles se fortifient sans cesse, j'ay peine à leur resister ; mes imperfections & mes pensées vaines & criminelles se multiplient, elles me font une guerre injuste, elles me poussent au peché, elles me sollicitent, elles me pouſſent à des actions qui ſeroient capables de m'attirer voſtre haine & voſtre diſgrace ; mortifiez-les, mon Dieu, reprimez-les, aſſiſtez-moy, ſecourez-moy.

Qui retribuunt mala pro bonis, detrahebant mihi quoniam ſequebar bonitatem.

Ceux qui rendent le mal pour le bien médiſoient de moy, parce que je ſuivois le bien.

J'ay donné ſujet au public de médire de moy par ma mauvaiſe conduite, par le mauvais exemple que j'ay donné, par mille & mille actions criminelles & ſcandaleuſes que j'ay commiſes ; mais depuis que je me ſuis mis à voſtre ſuitte, Seigneur, depuis que je me ſuis attaché à ſuivre vos Commandemens, à faire le bien, à vivre dans voſtre crainte, & à vous aimer, empeſchez-les de médire de mes actions, & inſpirez-leur de ſe joindre à moy pour vous servir, pour vous loüer, pour vous benir.

Ne derelinquas me, Domine Deus meus, ne discesseris à me.

Ne m'abandonnez pas Seigneur mon Dieu, ne vous retirez pas de moy.

Je vous supplie avec une plaine confiance, Seigneur, de ne m'abandonner pas, moy qui suis vostre serviteur, qui pretends vous servir fidelement, & de tout mon cœur le reste de mes jours; n'abandonnez pas, mon Dieu, vostre creature, qui vous honorera, & vous adorera sans cesse; ne vous retirez pas de moy, vous qui estes present à tout le monde, qui venez au secours de tous les affligez, qui assistez tous les indigens, & qui avez promis de recevoir à bras ouverts tous ceux qui ont recours à vous.

Intende in adjutorium meum Domine Deus ſalutis meæ.

Haſtez-vous de me ſecourir, Seigneur, le Dieu de mon ſalut.

Je ſuis dans un extrême beſoin de voſtre ſecours, mon Dieu, je ne puis avoir recours pour mon ſalut à d'autres qu'à vous, & je ne veux pas m'adreſſer à d'autres; il n'y a que vous qui me puiſſe ſauver, vous eſtes le Dieu de mon ſalut, vous eſtes ſeul mon Sauveur, tendez-moy voſtre main, Seigneur, ſauvez-moy.

IV. ENTRETIEN.

Sur le Pseaume cinquantiéme, qu'on appelle pour la fin, in finem, *composé par David, lorsque le Prophete Nathan le vint trouver, aprés qu'il eut peché avec Bethsabée.*

Miserere mei Deus, secundum magnam misericordiam tuam.

Ayez pitié de moy, mon Dieu, selon vostre grande misericorde.

LE nombre de mes pechez est bien plus grand que celuy des pechez de David, & j'ay par consequent plus besoin que luy de recourir à vous, mon Dieu; ayez Seigneur pitié de moy, & usez-en avez moy selon toute l'étenduë de vostre misericorde, mon peché est grand, mes crimes ſont en grand nombre, j'ay vieilly dans le peché, j'ay paſſé pluſieurs années dans le vice, & dans le crime, toujours dans la rebellion, vous offençant ſans ceſſe, j'ay beſoin de cette grande miſericorde, qui eſt neceſſaire aux grands pecheurs, j'ay beſoin de cette grace forte & vigoureuſe, qui me tire de l'abyſme, & de la profondeur de mes crimes, & qui me ramene à vous.

Et ſecundum multitudinem miſerationum tuarum dele iniquitatem meam.

Et ſelon la multitude de vos bontez effacez mon iniquité.

Mes pechez ſont écris dans ce Livre eternel, qui ſera produit au jour du Jugement contre les pecheurs; mais la multitude de vos bontez, ne permettra pas qu'ils ſervent, qu'ils ſoient produits pour ma condamnation; effacez-les, Seigneur.

Amplius lava me ab iniquitate mea, & à peccato meo munda me.

Lavez-moy de plus en plus de mon iniquité, & purifiez-moy de mon peché.

Ah! que je puis mieux que David vous prier de me laver de mon iniquité, vous avez depuis David versé vostre sang pour moy estant sur la Croix, vous avez fait sortir de vostre costé du sang & de l'eau; employez, Seigneur, ce precieux Sang, & cette eau purifiante pour me laver de mon iniquité, & nettoyez mon ame du peché, de toutes les affections desordonnées qu'elle y pourroit avoir, & de toutes les mauvaises inclinations qui la pourroient porter à vous offenser.

Quoniam iniquitatem meam ego cognosco, & peccatum meum contra me est semper.

Car je reconnois mon iniquité, & mon peché eſt toujours devant moy.

J'ay eſté encore plus long-temps que David ſans reconnoiſtre le mauvais eſtat où j'eſtois, ſans faire reflexion au malheur dans lequel je m'eſtois plongé, de vous avoir offenſé, ſans m'appercevoir du riſque & du danger que je courrois de la damnation eternelle. Mais je connois preſentement l'énormité & la grandeur de mes crimes, je reviens à moy, Seigneur, & je reviens à vous, & mon peché que j'ay toujours devant moy tirera ſans ceſſe des larmes de mes yeux, il me reprochera perpetuellement mon ingratitude.

Tibi ſoli peccavi, & malum coram te feci.

J'ay peché contre vous ſeul, & j'ay fait le mal devant vous.

C'eſt vous ſeul, mon Dieu, qui

eſtes mon vray Maiſtre, & Seigneur, c'eſt à vous ſeul que je dois rendre compte de mes actions, & de mes intentions, que les hommes ne peuvent pas ſçavoir ; & c'eſt contre vous ſeul que j'ay peché, parce que j'ay violé la Loy que vous m'aviez donné, & que j'avois receuë, parce que j'ay fait contre ma promeſſe, parce que j'ay payé d'ingratitude les bienfaits que j'ay receu de vous ; j'ay bien pû me cacher aux hommes, j'ay bien pû diſſimuler ma conduite, mais à voſtre égard rien ne vous eſt inconnu , vous penetrez dans le fonds des cœurs , vous ſçavez tout ce qui eſt en moy. Le mal que j'ay fait a paru dans le même temps devant vous , c'eſt devant vous que j'ay eu l'effronterie de commettre le mal, pardonnez-le moy.

Ut juſtificeris in ſermonibus tuis , & vincas cum judicaris.

Afin que vous ſoyez reconnu juſte dans

dans vos paroles, & que vous ſoyez victorieux dans les jugemens que l'on fera de vous.

Vous avez dit, Seigneur, qu'à quelqu'heure que le pecheur aura recours à vous, qu'il pleurera ſon peché, qu'il vous demandera pardon, vous ne vous en ſouviendrez plus, vous luy ferez miſericorde, je vous ſupplie de vous ſouvenir de voſtre parole, & de m'accorder le pardon de mes pechez, puiſque je vous le demande avec un extrême regret de vous avoir offenſé, afin que vous ſoyez reconnu fidele dans vos promeſſes, ferme & conſtant dans vos jugemens.

Ecce enim in iniquitatibus conceptus ſum, & in peccatis concepit me mater mea.

Vous voyez que j'ay eſté engendré dans l'iniquité, & que ma mere ma conçû dans le peché.

C'eſt encore une des raiſons qui pourroit Seigneur, vous fléchir, & vous diſpoſer à me faire miſericorde, c'eſt qu'ayant eſté conçû dans le peché originel, c'eſt qu'eſtant venu au monde en voſtre diſgrace, je me ſuis trouvé foible & languiſſant, je me ſuis trouvé avec un grand penchant à l'iniquité; ayez pitié de ma foibleſſe, ſouvenez-vous que j'ay eſté privé de cette juſtice originelle, qui eſtoit capable de rendre les hommes plus forts & plus conſtans dans leur bon propos.

Ecce enim veritatem dilexiſti.

Vous avez encore aimé la verité.

J'ay eſté long-temps dans le peché, mais à la fin je me ſuis jetté à vos pieds, je vous l'ay avoüé ſincerement, & dans la verité du cœur; vous avez toujours aimé cette verité; l'aveu ſincere du pecheur repentant eſt encore une raiſon qui vous doit émouvoir à me pardonner ; en voicy une autre.

Incerta & occulta ſapientiæ tuæ manifeſtaſti mihi.

Vous m'avez découvert les myſteres inconnus & ſecrets de voſtre ſageſſe.

Il ſemble qu'il y a de l'équité, Seigneur, que celuy à qui vous avez revelé tant de myſteres, & tant de ſecrets de voſtre providence & de voſtre divine ſageſſe ; il ſemble, dis-je, que vous ne devez pas l'abandonner, il y a quelque ſorte d'équité que vous luy pardonniez, qu'il eſt de voſtre generoſité que vous le rétabliſſiez dans vos bonnes graces. Helas Seigneur ! vous m'avez ſi fort comblé de vos faveurs, vous m'avez donné tant de connoiſſances, vous m'avez fait participant de vos plus ſacrez myſteres, encore plus que David ; vous m'avez regeneré par le Baptême, vous m'avez donné vostre saint Esprit, vous m'avez nourry de vostre Corps, & de vostre Sang ; ce qui estoit obscur dans la vieille Loy, a esté intelligible à mon égard ; j'ay penetré ce que les autres n'ont pas connu. Vous avez encore fait des choses plus particulieres pour ma personne, m'ayant donné mille secours que vous n'avez pas donné aux autres, vous m'avez éclairé sur beaucoup de choses, dont les autres n'ont pas eu de connoissance, il semble qu'aprés tant de bienfaits vous ne devez pas me refuser vos assistances, vous me devez recevoir au pardon, vous devez avoir pitié de moy.

Asperges me Domine hyssopo & mundabor lavabis me, & super nivem dealbabor.

Vous me purifierez avec l'hyssope, & je seray net, vous me laverez, & je deviendray plus blanc que la neige.

David vous supplioit avec instance, Seigneur, de le purifier comme on faisoit de son temps, lorsqu'on vouloit guerir le lepreux, que l'on purifioit avec un aspersoir d'hyssope moüillé dans le sang du passereau que l'on égorgeoit, & qu'on vous sacrifioit ; mais pour guerir la lepre du peché vous avez trouvé un autre moyen, mon Dieu, qui est de purifier les pecheurs avec le precieux Sang de vostre Fils, que vous avez sacrifié sur la Croix pour le genre humain, purifiez-moy avec ce divin Sang, qui a esté versé pour me rachepter, je reprendray par ce souverain remede la candeur de l'innocence, & mon ame sera nette de l'ordure de ses crimes, quand vous me remettrez tous mes pechez, en me disant que vous me pardonnez.

Auditui meo dabis gaudium & lætitiam, & exultabunt ossa humiliata.

Vous me ferez entendre une pa-

role de consolation & de joye, & mes os humiliez tressailliront d'allegresse.

Ah qu'il est doux! ah qu'il est consolant, mon Dieu! de vous entendre dire que vous me pardonnez; quelle joye pour mon ame de vous entendre prononcer ces paroles, je te pardonne, je t'absous, je ne te rechercheray plus pour tes pechez, je les veux oublier, je te rétablis dans mes bonnes graces; cette joye sera si grande pour moy, que mes os même brisez, desseichez, & extenuez de la douleur de vous avoir offensé en tressailliront de joye & d'allégresse.

Averte faciem tuam, à peccatis meis & omnes iniquitates meas dele.

Détournez vostre visage de mes pechez, & effacez toutes mes iniquitez.

Ne regardez plus mes pechez, Seigneur, ne les examinez plus, ne les recherchez pas, effacez-les du livre dans lequel tous nos pechez sont écrits, ne vous en souvenez plus.

Cor mundum crea in me Deus, & spiritum rectum innova in visceribus meis.

Créez, mon Dieu, un cœur pur en moy, & renouvellez l'esprit de justice dans mes entrailles.

Mon cœur est remply d'immondices, c'est là d'où sort tout ce qu'il y a de défectueux, de mauvais en moy: Nettoyez-le, mon Dieu, & purifiez-le, rendez-le tout neuf, pur & net, par l'infusion de vostre sainte grace, & renouvellez dans mon interieur, dans ma volonté, cet esprit de droiture, & de justice, qui rend la volonté ferme, perpetuelle, & constante, dans l'attachement & dans le service que l'on vous doit.

Ne projicias me à facie tua.

Ne me rejettez pas de devant vostre face,

Comme un pecheur inveteré, indigne d'estre regardé de vous, comme une creature remplie d'ordures & de miseres.

Et Spiritum sanctum tuum ne auferas à me.

Et ne retirez pas de moy vostre Esprit saint.

Faites que cette adorable personne soit toujours avec moy, afin que je sois remply de tous ses dons, afin que je ne vous offense jamais, afin qu'ayant reçû par sa communication le don de perseverance, je ne tombe plus dans le peché.

Redde mihi lætitiam salutaris tui.

Rendez-

Rendez-moy la joye de vostre assistance salutaire.

J'ay perdu toute la joye dont je pouvois estre capable en vous perdant, mon Dieu ; quelle joye peut-on avoir lorsqu'on est en vostre disgrace, lorsqu'on n'est pas assisté de vous ; rendez-moy cette joye, qui vient de vostre assistance, de vôtre protection, qui est si salutaire à mon ame, qui me fait concevoir des esperances de mon salut.

Et Spiritu principali confirma me.

Et fortifiez-moy par vostre Esprit souverain.

Par ce divin Esprit qui est le principe de tout ce qu'il y a de bon dans les creatures, qui est l'origine de toutes les graces, qui est la fontaine & la source de tous les dons surnaturels, qui est tout amour, & qui remplit de charité les ames qui se donnent à vous.

Docebo iniquos vias tuas, & impii ad te convertentur.

J'apprendray vos voyes aux pecheurs, & les impies se convertiront à vous.

J'ay ſcandaliſé pluſieurs perſonnes par mes pechez, par le mauvais exemple que je leur ay donné ; je leur ay appris par ma mauvaiſe conduite les voyes du peché, le chemin de l'enfer : mais je repareray ma faute le mieux que je pouray, en leur montrant les voyes par leſquelles il faut retourner à vous, en leur donnant meilleur exemple que je n'ay fait, en les exhortant à bien vivre, en condamnant les pernicieux & mauvais conſeils que je leur ay donné, en retractant la mauvaiſe doctrine que je leur ay enſeignée, & j'eſpere par là de vous ramener un bon nombre de pecheurs, de convertir les impies : enfin, Seigneur, je tâcheray d'édifier autant que j'ay détruit, & de gagner autant d'ames que j'en ay perdu.

Libera me de ſanguinibus, Deus, Deus ſalutis meæ.

Délivrez-moy de mes actions de ſang, ô Dieu, Dieu de mon ſalut.

David vous demandoit le pardon des pechez qu'il avoit faits, en faiſant mourir Urie, & de toutes les actions qui avoient eſté cauſe de cette mort. Mais, helas, mon Dieu! Dieu de mon ſalut, de combien de deſordres mes pechez n'ont-ils pas eſté ſuivis; ils ont eſté peut-eſtre cauſe de la perte ſpirituelle & temporelle de mes freres, ſoit par les afflictions que je leur ay donné, ſoit par les injuſtes ou indiſcrettes pourſuites que j'ay fait contre-eux, ſoit par les perſecutions, ou par les vexations que j'ay exercé en leur endroit, pardonnez-moy ces actions de sang, & criminelles.

Et exultabit lingua mea justitiam tuam.

Et ma langue chantera avec joye vostre justice.

Oüy, mon Dieu, j'exalteray par mes loüanges vostre justice, celle que vous faites paroistre, en tenant fidelement aux hommes la parole que vous leur avez donnée, de pardonner leurs crimes, lorsqu'ils s'en repentent, en affligeant, & en châtiant les pecheurs dans ce monde, pour les obliger d'avoir recours à vous, en punissant les impies, & en recompensant les justes dans l'autre, & enfin gouvernant tout l'Univers avec une grande & incomparable justice.

Domine labia mea aperies, & os meum annunciabit laudem tuam.

Seigneur vous ouvrirez mes lévres, & ma bouche annoncera vos loüanges.

Ces lévres qui estoient fermées par le peché, & qui ne s'ouvroient pas par ces entretiens saints & salutaires, dont vous estes le sujet, par les exhortations & par les remontrances que l'on doit faire à ceux que vous avez mis sous nostre direction, par les remerciemens qu'on doit faire sans cesse à vostre bonté; ces lévres, dis-je, seront ouvertes par vostre grace, & je vous promets, mon Dieu, que ma bouche vous benira, & vous loüera sans cesse.

Quoniam si voluisses, sacrificium dedissem utique holocaustis non delectaberis.

Si vous eussiez voulu un sacrifice je vous l'eusse offert, les holocaustes ne vous seront pas agreables.

David qui avoit violé voſtre Loy, avoit negligé de vous offrir en ſacrifice un bouc, qui eſtoit offert d'ordinaire par le Roy, lorſqu'il avoit commis un crime; mais aprés la correction de Nathan, ayant crû que le temps eſtoit paſſé, de vous faire un ſemblable ſacrifice, il ne s'en mit pas en peine, d'autant plus qu'il eſtoit perſuadé que cette ſorte de ſacrifice ſeparé des actes interieurs d'adoration & de douleur ne vous eſtoit pas agreable. Helas! mon Dieu, ſi je pouvois expier mes crimes par des ſacrifices, comme dans l'ancienne Loy, je vous aurois donné, je vous aurois offert tres-volontiers tout ce qui peut-eſtre à ma diſpoſition, mais preſentement le temps eſt encore plus particulierement paſſé de vous faire de ſemblables ſacrifices, vous ne vous plaiſez pas depuis voſtre venuë au monde, depuis voſtre Incarnation aux holocauſtes, aux ſacrifices de ſang.

Sacrificium Deo ſpiritus contribulatus, cor contritum & humiliatum Deus non deſpicies.

Le ſacrifice que vous voulez, mon Dieu, eſt un eſprit affligé: O Dieu! vous ne mépriſerez pas mon cœur contrit & humilié.

Je ſçay, je ſçay, mon Dieu, que vous offrir un eſprit affligé, c'eſt le meilleur ſacrifice qu'on vous ſçauroit faire, c'eſt celuy qui vous agrée le plus, ne mépriſez donc pas, Seigneur, ce cœur contrit de douleur de vous avoir offenſé, ce cœur humilié d'eſtre tant de fois déchû de vos bonnes graces, que je vous offre en ſacrifice; recevez-le, Seigneur, puiſque ce ſacrifice vous agrée, il eſt fâché, & affligé, il eſt percé de douleur de vous avoir déplû, d'avoir irrité voſtre bonté, qui eſt ſouverainement aimable, il eſt reſolu de ceſſer plûtoſt de vivre, que de retourner jamais au peché, il s'offre entierement à vous embraſez-le de voſtre divin amour, recevez-le comme un holocauſte, que je vous offre en ſatisfaction, en expiation de mes crimes.

Benigne fac Domine in bona voluntate tua Sion, ut ædificentur muri Jeruſalem.

Seigneur dans voſtre bienveillance répandez vos biens & vos graces ſur Sion, afin que les murs de Ieruſalem ſe bâtiſſent.

David craignoit que par ſes pechez voſtre colere ne ſe répandit encore ſur Sion, & que par là les murs de Jeruſalem ne fuſſent pas ſi-toſt bâtis. Ah Dieu! que je devrois craindre que les lieux où je me trouve, que les maiſons que j'habite, ne s'abiſment ſous moy, pour ne pouvoir pas ſouffrir mes iniquitez, que les peuples parmy leſquels je converſe ne ſoient châtiez à cauſe de mes pechez, quoy qu'ils n'y ayent pas contribué : & ſi pluſieurs Saints avant que d'entrer dans les Villes, ou dans les maiſons qui leurs eſtoient deſtinées vous prioient de ne les vouloir pas punir & renverſer, à cauſe de leurs imperfections, avec combien plus de raiſon vous dois-je prier, Seigneur, d'en uſer avec benignité, & avec douceur envers les lieux que j'habite, envers les peuples parmy leſquels je ſuis, qu'ils ne ſoient pas enveloppez dans les ruïnes, qui ſont deuës à ma ſeule perſonne, qu'ils ne ſoient point participans de la punition, ny de la peine que je dois ſouffrir tout ſeul, afin que les ouvrages de pieté, les édifices de devotion qu'on vous deſtine, ſoient mis dans la derniere perfection.

Tunc acceptabis ſacrificium juſtitiæ, oblationes & holocauſta, tunc imponent ſuper altare tuum vitulos.

Vous agréerez pour lors les ſacrifices de juſtice, les offrandes, & les holocauſtes, on offrira pour lors des veaux ſur voſtre Autel.

Le Prophete pretendoit que pour lors on repareroit le manquement qu'il pouvoit avoit fait d'offrir le ſacrifice reglé pour le peché des Rois, & à ſon imitation je vous prie de recevoir agreablement tous les ſacrifices du Corps & du Sang de voſtre divin Fils en ſatisfaction de mes pechez, dans les Sanctuaires qu'on a bâty, & que l'on bâtira; acceptez, mon Dieu, ſans avoir égard à mon indignité, toutes les prieres, toutes les loüanges, & tous les actes interieurs qu'on vous offrira dans vos Temples, qui sont des sacrifices de justice, recevez les offrandes qui sont les aumônes, recevez en holocauste les cœurs de ceux qui brûlent de vostre amour, & recevez enfin l'auguste sacrifice que vostre divin Fils a institué, qui est sa Chair & son Sang qu'on vous offre tous les jours sur nos Autels.

V. ENTRETIEN.

Sur le Pseaume cent-uniéme, qui est une formule que David donne de prier Dieu, & il est appellé priere du pauvre, lorsqu'il est affligé, & qu'il répand sa priere devant le Seigneur.

Oratio pauperis.

Domine exaudi orationem meam, & clamor meus ad te veniat.

Seigneur écoûtez ma priere, & que mes cris s'élevent jusqu'à vous.

LEs pauvres affligez, & les malheureux trouvent difficilement audiance auprés des Grands de la terre, mais il n'en est pas ainsi auprés de vous, mon Dieu, les plus miserables peuvent s'adresser avec confiance à vous, ils seront écoûtez, &

vous viendrez à leur ſecours : Voicy le plus pauvre des hommes, mon Dieu, puiſque j'ay perdu ce treſor ineſtimable de voſtre amitié, & de vos bonnes graces, puiſque je ſuis tombé dans un abiſme de miſere par le peché, je m'adreſſe neantmoins plein de confiance à vous, & j'eſpere que vous écouterez ma priere, & que les cris, qui ſont pouſſez par ma douleur monteront juſqu'à vous.

Ne avertas faciem tuam à me.

Ne détournez pas voſtre viſage de moy.

Quoyque je ſois un miſerable, plein d'ulceres de mes crimes, quoyque je ſois indigne d'eſtre regardé de vous, pour vous avoir mille & mille fois manqué de fidelité & de parole, quoyque je me ſois revolté contre vous.

In quacumque die tribulor,

inclina ad me aurem tuam.

En quelque jour que je ſois dans l'affliction, preſtez l'oreille à ma voix.

Je ſuis tout le jour affligé de vous avoir offenſé, mes afflictions ſe multiplient par mille tentations, dont le demon me tourmente, par mille riſques, & mille dangers que je cours, de me ſeparer de vous, faites donc que ma voix & ma priere arrive à vos oreilles.

In quacumque die invocavero te, velociter exaudi me.

En quelque jour que je vous invoqueray, exaucez-moy promptement.

Le beſoin eſt grand, mon Dieu, ne tardez pas de venir à mon ſecours, venez auſſi-toſt que je vous auray invoqué, venez viſtement me délivrer des tentations, & des occasions de pecher.

Quia defecerunt sicut fumus dies mei, & ossa mea sicut cremium aruerunt.

Car mes jours se sont évanoüis comme la fumée, & mes os se sont sechez comme un bois sec, comme du sarment.

Hastez-vous, Seigneur, de me secourir, car mes jours s'en sont allez jusques-icy comme la fumée, les jours qui me restent encore à vivre s'en iront de même, si vous tardez encore mes jours seront achevez, & sans vostre secours je periray eternellement. Dans cette frayeur, dans celle de vos jugemens, mes os se sont sechez comme du bois sec, dont on se sert pour allumer le feu.

Percussus sum ut fœnum, & aruit cor meum, quia oblitus ſum comedere panem meum.

I'ay eſté frappé comme l'herbe, & mon cœur s'eſt ſeché, parce que j'ay oublié de manger mon pain.

Ainſi que l'ardeur du Soleil ſeche l'herbe, mon cœur s'eſt ſeché, parce que ma douleur & mon affliction m'ont fait oublier le manger, m'ont oſté l'envie de nourrir une creature auſſi ingrate, que je l'ay eſté envers vous : il m'eſt preſque impoſſible de rien prendre, de rien goûter ; je n'ay pas le courage, aprés vous avoir ſi griévement offenſé, de faire aucune choſe pour prolonger ma vie.

A voce gemitus mei adhæſit os meum carni meæ.

A force de crier & de gemir mes os ſe ſont collez à ma peau.

Je

Je souhaite, mon Dieu, que la même chose m'arrive qu'à David, que je me consomme, que je seche, que je n'aye plus que la peau & les os, à force de crier & de gemir, afin que par ce moyen ce corps, qui est l'instrument & l'instigateur de tous mes pechez, soit puny & châtié.

Similis factus sum Pelicano solitudinis, factus sum sicut nicticorax in domicilio.

Je suis devenu semblable au Pelican des deserts, & au Corbeau de nuit dans une maison.

De deux sortes de Pelicans je prends celuy des deserts, & je tâcheray de devenir semblable à luy pour faire ma retraite, pour me separer du commerce des hommes, pour pleurer à mon aise mon peché; & si ma condition & l'estat où je ſuis m'en empêche, je deviendray ſemblable à un corbeau de nuit, ou à une chauve-ſouris, qui ſe retire dans les lieux les plus cachez d'une maiſon, afin que je puiſſe faire une ſolitude de la mienne, lorſque les affaires, ou les obligations de ma famille me le permettront, pour vous demander pardon, & faire penitence de mes crimes.

Vigilavi & factus ſum ſicut paſſer ſolitarius in tecto.

I'ay veillé, & je ſuis devenu comme un paſſereau ſolitaire ſur un toict.

Voila comme David faiſoit aprés ſon peché, je devrois veiller toute la nuit comme luy, je devrois fondre en larmes, je devrois crier mercy, vous prier continuellement, & ſoûpirer ſans ceſſe; malheureux que je ſuis, peut-on eſtre en repos aprés avoir commis tant de crimes; peut-on dormir, peut-on eſtre ſans agitations, ſans douleurs, & ſans troubles, aprés vous avoir offenſé, il faudroit s'en aller au plus haut de la maiſon, pour gemir comme un paſſereau ſolitaire, pour verſer des torrens de larmes, pour pouſſer des ſoûpirs & des cris qui allaſſent juſqu'au Ciel.

Tota die exprobrabant mihi inimici meí, & qui laudabant me, adverſum me jurabant.

Mes ennemis me couvroient tous les jours d'opprobres, & ceux qui me loüoient conjuroient contre moy.

Que l'on diſe contre moy ce qu'on voudra lorſque je me ſepareray des compagnies, lorſque je feray quelque retraite; que mes ennemis ſe mocquent de moy, qu'ils me traitent de ridicule, qu'ils parlent de moy comme d'un homme ſimple,

& d'un insensé ; que ceux qui autrefois me loüoient soient de la cabale, soient du même sentiment ; que tout le monde soit contre moy : je ne laisseray pas de changer de vie, de vivre plus à moy que je n'ay fait, de vivre, mon Dieu, entierement en vous, de jeûner, de faire abstinence, de me mortifier, de faire des actions differentes de celles des pecheurs, qui aprés tout ne crieront contre moy que,

Quia cinerem tanquam panem manducabam, & potum meum cum fletu miscebam.

Parce que je mangeois la cendre comme du pain, & que je mélois mon breuvage de mes larmes.

Il seroit à souhaiter que mes ennemis n'eussent point d'autres reproches à me faire que ceux-cy, de manger du pain bis, du pain noir, du pain remply de cendre, du pain enfin remply de douleur, & de méler mes larmes avec l'eau que je bois.

A facie iræ, & indignationis tuæ.

A cause de vostre colere & de vostre indignation.

Si David estoit dans ces sentimens, à plus forte raison dois-je me nourrir d'un pain grossier, & boire de l'eau meslée avec mes larmes, puisque je suis plus criminel que ce grand Roy.

Quia elevans allisisti me.

Car m'ayant élevé vous m'avez renversé.

Parce qu'aprés m'avoir élevé à une condition au dessus du reste des hommes, aux charges, & aux dignitez, vous m'avez laissé tomber, pour me punir, en un estat miserable, permettant que je sois persecuté par mes ennemis, & qu'ils décrient ma conduite, qu'ils interpretent mal mes actions ; & encore plus, parce qu'aprés m'avoir élevé à la dignité de vostre enfant, à celle de vostre amy, & de vostre favory, vous avez permis que je sois tombé dans vostre disgrace, dans la rebellion, & dans le crime, qui m'a fait perdre toutes les grandeurs, & toutes les dignitez de mon ame, qui m'a reduit au miserable estat de vostre ennemy, de prévaricateur, & de rebelle.

Dies mei sicut umbra declinaverunt, & ego sicut fœnum arui.

Mes jours se sont évanoüis comme l'ombre, & je suis devenu sec comme l'herbe.

C'est un effet du peché, Seigneur,

que les jours de l'homme se dissipent comme l'ombre, & je subis cette malediction comme le reste des hommes; mais pardessus tous les pecheurs j'ay donné lieu à cette brieveté, & je voudrois bien n'avoir pas tant vêcu, je voudrois bien estre mort avant l'usage de raison, pour n'avoir jamais eu lieu de vous offenser; je vous prie pourtant, que j'en souffre, que je fasse penitence d'une si méchante vie, & que je seche de douleur, comme l'herbe à l'ardeur du Soleil.

Tu autem Domine in æternum permanes, & memoriale tuum, in generationem & generationem.

Mais vous, Seigneur, vous demeurerez eternellement, & la memoire de vostre nom passera de generation en generation.

Il est juste, Seigneur, que vous

qui estes la sainteté même, viviez eternellement. Un infame pecheur comme moy, non seulement doit voir passer ses jours comme une ombre, mais il ne meriteroit plus de vivre aprés son peché; on fera dans tous les âges une memoire honorable de vostre nom, tous les hommes à venir celebreront vostre gloire, & vostre nom, mais la memoire des pecheurs doit perir, on ne doit se souvenir de moy qu'avec horreur, qu'avec imprécation, puisque je me suis oublié jusqu'à ce point, que de me tourner contre vous.

Tu exurgens misereberis Sion.

En vous éveillant vous aurez pitié de Sion.

Que le Prophete ait entendu par Sion le lieu où le Temple devoit estre basty, où que prévoyant les choses à venir, il ait prophetisé le rétablissement du Temple aprés la captivité

captivité de Babilone, ou l'institution de l'Eglise par Jesus-Christ, & par les Apostres ; souffrez, mon Dieu, que je l'applique à la mystique Sion de mon ame, & que je vous prie d'avoir pitié d'elle, lors qu'à nostre façon d'entendre vous vous leverez, vous reviendrez de ce sommeil, dans lequel il paroist aux hommes que vous estes, lorsque vous n'exaucez pas leur priere ; ayez, dis-je, pitié de mon ame, car

Quia tempus miserendi ejus, quia venit tempus.

Le temps d'avoir compassion d'elle, le temps destiné est venu.

Je suis accablé de douleur, je suis troublé du souvenir de mes pechez, je suis prés de la mort, le temps est venu d'avoir compassion de mon ame, de vous souvenir d'elle, de la tirer de l'abisme des miseres où elle se trouve.

Quoniam placuerunt servis tuis lapides ejus, & terræ ejus miserebuntur.

D'autant plus que ses pierres ont plû à vos serviteurs, & qu'ils ont pitié même de sa poussiere.

David parle encore de Sion, ou de l'Eglise fondée par les Apostres, qui sont les pierres vivantes, qui ont plû à vos Saints, qui ont eu même pitié de la poussiere de cette Eglise, c'est à dire du peuple le plus vil, & le plus abjet, des pecheurs même qui sont dans son giron; mais continuant à vous parler de mon ame, je vous prie d'autant plus d'avoir pitié d'elle, parceque ses pierres, qui sont ses puissances, ont plû à vos Anges, qui par vostre ordre l'ont illuminée & enflâmée, & qui ont eu compassion de ses foiblesses, & par la misericorde que vous ferez à mon ame, ou à la veritable Sion, ou à l'Eglise,

Et timebunt gentes nomen tuum, Domine, & omnes Reges terræ gloriam tuam.

Les Nations craindront vostre nom, Seigneur, & tous les Rois de la Terre vostre gloire.

Et ils tâcheront de se soûmettre à vostre puissance, & à vostre domination.

Quia ædificavit Dominus Sion, & videbitur in gloria sua.

Parceque le Seigneur a basty Sion, & qu'il se fera voir dans sa gloire.

La raison de leur soûmission sera l'exemple que vous aurez donné des biens, que vous aurez fait à la veritable ou mistique Sion, & encore pour les biens spirituels que vous aurez faits à mon [illegible] ne, à laquelle vous vous ferez voir un jour, ainsi que j'espere, dans vostre gloire, pour la remplir de tous les biens eternels ; & ils diront ;

Respexit in orationem humilium, & non sprevit precem eorum.

Il a tourné ses regards sur la priere des humbles, & il n'a pas méprisé leur demande.

Je le puis dire plus qu'aucun autre, mon Dieu, puisque vous vous estes abaissé jusqu'à moy, miserable pecheur, que vous avez exaucé ma priere, que vous m'avez accordé les demandes que je vous ay faites, que vous m'avez comblé de vos graces, quoique je fusse indigne de les recevoir, quoique je ne les aye jamais merité.

Scribantur hæc in generatione altera, & populus qui creabitur laudabit Dominum.

Que ces choses soient écrites pour les siecles à venir, & le peuple qui sera créé loüera le Seigneur.

Ouy, mon Dieu, les siecles à venir seront instruits de vostre bonté, de vostre maniere d'agir misericordieuse & bienfaisante, les peuples qui viendront vous beniront, pour les merveilles que vous avez faites à l'avantage de ceux qui se sont donnez à vous, & ils vous loüeront, disant,

Quia prospexit de excelso sancto suo Dominus de cœlo in terram aspexit.

Parce qu'il a regardé du haut de son sanctuaire, le Seigneur a jetté les yeux du Ciel sur la terre.

Quel bonheur pour mon ame, & pour toutes les creatures, que vous les honoriez de vos regards, que du plus haut de voſtre ſainte & celeſte habitation, vous daigniez de les regarder, & d'avoir ſoin d'elles, que vous trouvant avec toute l'eſtenduë de voſtre gloire, qui eſt infinie dans le Ciel, vous jettiez encore les yeux ſur la terre pour ſecourir, pour aſſiſter, pour faire des graces à ceux qui l'habitent.

Ut audiret gemitus compeditorum, ut ſolveret filios interemptorum.

Pour écoûter les gemiſſemens des captifs, & pour tirer des liens les enfans de ceux qui ont eſté tuez.

Que ce ſoient les Juifs qui eſtoient eſclaves en Babylone, que ce ſoient les peuples qui eſtoient dans l'eſclavage du demon, avant l'établiſſement de voſtre Egliſe, Seigneur je puis ajoûter que vous regardez du Ciel les habitans de la terre pour écoûter les pleurs des ames qui ont recours à vous, & qui vous demandent misericorde, & pour tirer des liens du peché les enfans de nos premiers peres, qui ont esté les premiers condamnez à la mort, pour avoir contrevenu à vostre Commandement.

Ut annuntient in Sion nomen Domini, & laudem ejus in Jerusalem.

Afin qu'ils celebrent le nom du Seigneur dans Sion, & ses loüanges dans Ierusalem.

Soit la mistique, soit la veritable Sion, vous écoûterez Seigneur mes gemissemens, & ceux de vos fideles, afin que nous celebrions dans l'Eglise, & dans nos ames, vostre saint Nom, & vos loüanges presentement & toujours; mais particulierement,

In conveniendo populos in

unum : & Reges ut ſerviant Domino.

Lorſque les peuples & les Rois ſe joindront enſemble pour ſervir le Seigneur.

Lorſque tous feront gloire d'eſtre à vous, de vivre ſous voſtre loy, d'obeïr à vos ordres : Mais quand eſt-ce que cela ſera, Seigneur ?

Reſpondit ei in via virtutis ſuæ, paucitatem dierum meorum nuntia mihi.

Il luy a répondu dans l'eſtat de ſa force & de ſa grandeur : Fais-moy voir la briéveté de mes jours.

Vous avez répondu, Seigneur, à cette interrogation, pourquoy vous mettrez-vous en peine du temps, ne ſuis-je pas l'Eternel, tous les temps ne ſont-ils pas à ma diſpoſition, qui pourra me faire voir la briéveté de mes jours, ou que mes jours acheveront comme ceux des mortels.

Ne revoces me in dimidio dierum meorum in generationem, & generationem anni tui.

Ne me retirez pas au milieu de mes jours, vos années dureront dans les ſiecles des ſiecles.

Helas! Seigneur, c'eſt pour moy que les jours ſont comptez, & je vous prie de ne me les pas abreger, de ne me tirer pas de ce monde au milieu de ma courſe, afin que j'aye plus de loiſir pour pleurer mes pechez, pour vous demander pardon, pour fléchir voſtre miſericorde, pour vous loüer, pour vous benir; mais pour vous je confeſſe que vous eſtes éternel, que vos jours & vos années dureront dans les ſiecles des ſiecles, qui iront à l'infiny, que vous vivrez éternellement, puiſque vous eſtes la vie même, qui fait vivre les autres.

Initio tu Domine terram fundaſti, & opera manuum tuarum ſunt Cœli.

Dés le commencement, Seigneur, vous avez fondé la terre, & les Cieux ſont l'ouvrage de vos mains.

Ipſi peribunt, tu autem permanes, & omnes ſicut veſtimentum veteraſcent.

Ils periront, mais vous demeurez, ils vieilliront tous comme un veſtement.

Que les Cieux doivent entierement perir à la fin du monde, ou qu'ils doivent eſtre renouvellez, & rendus immobiles, & plus beaux, &

plus lumineux que presentement, ce qui est un secret pour nous, Seigneur ; il est constant neantmoins qu'ils ne demeureront pas comme nous les voyons, & qu'ils seront changez, & qu'ils periront de la maniere qu'ils sont ; mais vous serez toujours immuable, vous demeurerez eternellement comme vous estes ; les Cieux seront alterez, consommez, & vieilliront comme un vestement.

Et sicut opertorium mutabis eos, & mutabuntur.

Vous les changerez comme un manteau, & ils seront changez.

En effet les Cieux sont comme un vieil manteau, qui nous empesche de voir le Ciel empirée, qui est la demeure des Bienheureux, vous les changerez, ils seront tout lumineux comme un cristal, & comme un Soleil, les Bienheureux verront au travers des Cieux juſqu'au fonds de la terre.

Tu autem idem ipſe es, & anni tui non deficient.

Mais pour vous vous eſtes toûjours le même, & vos années ne finiront point.

Vous eſtes eternel & inalterable, voſtre durée n'aura jamais de fin.

Filii ſervorum tuorum habitabunt, & ſemen eorum in ſæculum dirigetur.

Les enfans de vos ſerviteurs habiteront avec vous, & leur poſterité ſera eternellement heureuſe.

Helas ! Seigneur, je ſuis un des enfans de ceux qui ont eu le bonheur de vous ſervir, je ſuis un des enfans de Marie, faites que je joüiſſe de cette promeſſe d'habiter avec vous dans cette valée de larmes & de miseres par vostre grace, & que j'habite avec vous dans le Ciel aprés ma mort ; c'est l'effet de la pitié que je souhaite que vous ayez de moy, c'est l'effet de la misericorde que je vous demande, que je sois du nombre de cette posterité, qui doit estre eternellement heureuse, qui doit habiter avec vous, qui vous doit voir face à face, qui joüira dans tous les siecles des siecles, dans toute l'eternité de vostre presence.

VI. ENTRETIEN.

Sur le Pseaume cent vingt-neufviéme, qu'on appelle Cantique des Degrez, peut-estre parce qu'on le chantoit en montant les degrez du Temple; c'est une Oraison par laquelle David demande à Dieu le pardon de ses pechez.

De profundis clamavi ad te Domine, Domine exaudi vocem meam.

Seigneur je m'écrie vers vous du profond abisme où je suis, Seigneur écoûtez ma voix.

DU plus profond de ma misere, & du plus profond abisme de mes pechez je parle à vous, Seigneur, qui estes assis sur les Cherubins, vous dont le Trône est un Trône glorieux & eternel, & je vous prie, prosterné devant vous, que vous écoûtiez ma voix.

Fiant aures tuæ intendentes in vocem deprecationis meæ.

Que vos oreilles soient attentives à ma priere.

Ayez cette bonté pour moy, Seigneur, quoy qu'indigne de me presenter devant vous, quoy que je prenne trop de liberté de parler à vous, aprés vous avoir si griévement offensé ; faites-moy, dis-je, cette grace, & ayez cette bonté de rendre vos oreilles attentives à la priere que je vous fais.

Si iniquitates observaveris Domine, Domine quis sustinebit.

Si vous examinez les iniquitez, Seigneur, Seigneur qui poura subsister.

Je ne pretends pas diminuer mon peché, en vous faiſant faire reflexion à ceux des autres hommes ; je ſuis plus criminel, plus déloyal, & plus ingrat qu'aucune autre creature ; mais comme nous ſommes tous des pecheurs, & que nous ne pouvons nous attendre qu'à la peine, & au châtiment, je vous repreſente, Seigneur, que ſi vous vouliez examiner & rechercher nos iniquitez avec exactitude, perſonne ne pourroit ſubſiſter devant vous, il n'y auroit perſonne qui pût eſtre à couvert de voſtre rigueur, tout le monde ſeroit perdu, je le ſerois des premiers, tout le monde ſeroit damné.

Quia apud te propitiatio eſt, & propter legem tuam ſuſtinui te Domine.

Mais parce que vous uſez de pardon, & à cauſe de voſtre Loy, je vous ay attendu, Seigneur.

C'eſt

C'eſt une de vos adorables proprietez de pardonner, & je m'attends auſſi au pardon, à cauſe de voſtre loy de charité; non pas de la loy de juſtice, parceque vous vous eſtes impoſé cette loy, que lors qu'un pecheur converty vous demandera pardon, vous le luy accorderez, & me ſouvenant de cette promeſſe, comme David, j'y fonde comme luy toute mon eſperance, & je me promets une favorable audience; j'eſpere que vous aurez pitié de moy, que vous me pardonnerez, & que vous me ferez miſericorde.

Suſtinuit anima mea in verbo ejus, ſperavit anima mea in Domino.

Mon ame s'eſt attenduë à ſa parole, mon ame a eſperé au Seigneur.

Je me confie en vous, c'eſt voſtre

parole, c'eſt voſtre promeſſe qui m'a donné lieu, qui m'a donné courage de m'adreſſer à vous; mon ame n'eſpere qu'en vous , je veux que tout le monde ſçache que je ne me ſuis jamais confié qu'en vous ; vous eſtes le ſeul qui pouvez remettre les crimes, & m'ayant promis de le faire, lorſque j'auray recours à vous, que je vous en témoigneray mon regret & ma douleur , que je vous promettray de m'en corriger ; je dois eſperer que dans ma douleur , & dans la reſolution que j'ay priſe de m'en corriger , vous m'accorderez le pardon de mes pechez.

A cuſtodia matutina uſque ad noctem , ſperet Iſraël in Domino.

Que depuis le point du jour juſqu'à la nuit , Iſraël eſpere au Seigneur.

Que nul pecheur ne deſeſpere,

que nul homme ne ſe défie, que toutes les creatures eſperent en vous, Seigneur : que depuis le point du jour & toutes les heures de la nuit, tout le monde eſpere en voſtre bonté infinie, mon Dieu.

Quia apud Dominum miſericordia, & copioſa, apud eum redemptio.

Parceque la miſericorde eſt avec luy, & la redemption, qu'on trouve en luy eſt tres-abondante.

Ah ! qu'il eſt bon d'eſperer en vous, Seigneur, l'exemple de David, qui a reçû de vous le pardon qu'il attendoit, & l'exemple de tant d'autres penitens le fait voir : Mais pourquoy cherché-je des exemples étrangers, puiſque j'en ay un domeſtique de mon ame, puiſque j'en dois eſtre perſuadé par ma propre experience, & qu'aprés les crimes énormes que j'ay commis, j'ay trouvé miſericorde auprés de vous Seigneur, j'ay joüy d'une redemption abondante, vous m'avez tiré de l'esclavage du peché, vous m'avez rachepté du pouvoir du demon.

Et ipse redimet Israël ex omnibus iniquitatibus ejus.

Il racheptera luy-même Israël de toutes ses iniquitez.

En effet, Seigneur, vous avez envoyé vostre propre Fils en terre pour rachepter tout le genre humain; & c'est ce que David a peut-estre prévû; vous l'avez envoyé pour se charger de toutes nos iniquitez, pour satisfaire pour nous, pour vous payer de son Sang, pour faire une redemption surabondante; faites qu'elle me profite, Seigneur, faites que mon ame soit lavée & purifiée, par le precieux Sang de vostre divin Fils, que ses pechez luy soient pardonnez, qu'elle joüisse des effets de vos promesses, & de vostre misericorde.

VII. ENTRETIEN.

Sur le Pseaume cent quarante-deuxiéme, lorsque David estoit persecuté par son fils Absalon.

Domine exaudi orationem meam, auribus percipe obsecrationem meam, in veritate tua, exaudi me, in tua justitia.

Seigneur écoûtez ma priere, prêtez l'oreille à ma demande selon vostre verité, exaucez-moy selon vostre justice.

JE vous prie d'entendre les demandes que je vous fais dans la verité, & dans la fidelité de vos paroles, par lesquelles vous avez promis à ceux qui s'adressent à vous avec un cœur contrit de leur pardonner leurs crimes, & à ceux qui vous demanderont des graces avec un cœur soûmis, de les leur accorder; faites moy donc justice sur vos promesses, & exaucez-moy.

Non intres in judicium cum servo tuo, quia non justificabitur in conspectu tuo omnis vivens.

N'entrez point en jugement avec vostre serviteur, parce que nul homme vivant ne pourra se justifier devant vous.

Ah! que je crains ce dernier Jugement, mon Dieu, non seulement parceque tous les hommes le doivent craindre, & que personne ne pourra se justifier devant vous; mais encore plus parceque j'ay un trop grand compte à vous rendre, parceque je suis noircy d'une infinité de crimes, parce que je n'ay aucune raiſon pour me défendre ; & il eſt certain que ſi vous entrez en jugement avec moy, que vous en vouliez uſer avec exactitude & rigueur, je ſuis perdu ſans reſſource, c'eſt fait de moy.

Quia perſecutus eſt inimicus animam meam, humiliavit in terra vitam meam.

Car l'ennemy a perſecuté mon ame, il a humilié ma vie juſqu'en terre.

David entend parler peut-eſtre d'Abſalon, qui eſtoit ſon ennemy; mais il a compris auſſi l'ennemy commun des ames, qui eſt le demon. Ah ! que ce cruel & impitoyable ennemy a perſecuté mon ame. Ah ! qu'il a joüé de reſſorts pour la perdre : Ah ! qu'il l'a renduë hydeuſe, & laide devant vous ; n'entrez donc pas en jugement, Seigneur, avec elle, la condamnation s'enſuivra d'abord ſi vous le faites : ma vie a eſté reduite par luy & par les pechez qu'il m'a fait faire, en un eſtat d'ignominie, d'humiliation, & d'opprobre.

Collocavit me in obſcuris, ſicut mortuos ſæculi.

Il m'a fait demeurer dans des lieux obſcurs, comme les morts du ſiecle.

David par la perſecution de ſon fils avoit eſté obligé de ſe cacher dans des cavernes, dans des grottes, comme dans des tombeaux, ou des ſepulchres, ainſi que les morts, ou comme dans des priſons, ainſi que ceux qui ſont condamnez d'y paſſer le reſte de leurs jours, qui ſont morts au ſiecle, qui ſont morts d'une mort civile ; mais par ſon peché l'ennemy commun l'avoit mis dans les tenebres, & dans l'obſcurité auſſi bien que moy, l'ayant empeſché de voir le mauvais eſtat où où il estoit reduit, & de chercher les moyens pour s'en tirer, en sorte qu'il estoit comme les morts du siecle, qui n'ont aucune connoissance, ny aucun mouvement. Helas Seigneur! que j'ay long-temps croupy dans mon peché, sans m'apercevoir de l'estat déplorable où le demon m'avoit mis, sans connoistre le danger où j'estois, sans envisager le malheur auquel je me trouvois d'estre en vostre disgrace; j'étois comme un mort du siecle, j'estois entre les mains du demon, dans ses prisons, mort à la vie celeste, mort à la grace; j'estois enfin comme un mort dans les tenebres, sans connoissance, & sans jugement.

Et anxiatus est super me spiritus meus, in me turbatum est cor meum.

Et mon esprit a esté saisi de tristesse, mon cœur s'est troublé en moy-même.

Mais depuis que je ſuis revenu à moy, Seigneur, que je me ſuis aperçû du malheureux eſtat où j'étois, ah! que mon eſprit a eſté remply de triſteſſe: Ah! que mon cœur s'eſt troublé: Ah! que mon interieur a eſté dans l'agitation; & pour me conſoler,

Memor fui dierum antiquorum, meditatus ſum in omnibus operibus tuis, & in factis manuum tuarum meditabar.

Ie me ſuis ſouvenu des ſiecles paſſez, j'ay repaſſé dans mon eſprit tout ce que vous avez fait, & j'ay medité ſur les Ouvrages de vos mains.

Je me ſuis repreſenté les merveilles & les graces que vous avez faites dans le temps paſſé à ceux qui ont eu recours à vous, les bontez que vous avez eu pour ce peuple rebelle dans le desert, la compassion que vous avez eu des enfans d'Israël, quoyqu'ils vous donnassent assez souvent occasion de les exterminer : Je me suis souvenu de vos bienfaits pour ceux qui m'ont precedé, & pour moy-même ; j'ay consideré vos grands Ouvrages, & les effets prodigieux de vostre misericorde, & de vostre grace.

Expandi manus meas ad te, anima mea sicut terra sine aqua tibi.

J'ay élevé mes mains vers vous, mon ame est devant vous comme une terre sans eau.

Aprés avoir fait toutes ces reflexions, je me mets devant vous, Seigneur, comme un suppliant ; j'éleve mes mains à vous, & je vous represente que mon ame est comme une terre seche, qui a besoin d'eau pour estre arrosée ; je suis dans le besoin de vos assistances, mon ame a beſoin d'eſtre moüillée de cette roſée celeſte, qui fait produire des actions meritoires ; rempliſſez-là, mon Dieu, de voſtre grace, car dans la ſechereſſe, & dans l'aridité où elle eſt, il n'en faut rien attendre de bon.

Velociter exaudi me Domine, defecit ſpiritus meus.

Haſtez-vous de m'exaucer, Seigneur, mon eſprit tombe en défaillance.

Je ſuis à la verité accablé de douleur & d'affliction, venez viſtement à mon ſecours, Seigneur, je ne ſçaurois ſubſiſter ſans vous.

Non avertas faciem tuam à me, & ſimilis ero deſcendentibus in lacum.

Ne détournez pas voſtre viſage de moy, de peur que je ne de-

vienne ſemblable à ceux qui décendent ſous la terre.

Que David ait entendu par ces paroles la mort civile, ou corporelle, il eſt aſſuré, mon Dieu, que ſi vous n'avez pas pitié de moy, ſi vous ne me regardez pas avec des yeux de compaſſion, & de miſericorde, c'eſt fait de moy, je ſeray ſemblable à ceux qui ſont abiſmez dans l'enfer, je ſeray condamné aux flâmes & aux peines éternelles.

Auditam fac mihi mane miſericordiam tuam, quia in te ſperavi.

Faites-moy reſſenntir dés le matin voſtre miſericorde, parceque j'ay eſperé en vous.

C'eſt du matin, c'eſt de bonne heure, c'eſt promptement, Seigneur, que j'ay beſoin d'entendre la voix de voſtre miſericorde, je vous la demande, & je l'attends, parceque j'ay mis toute mon espe-rance en vous.

Notam fac mihi viam, in qua ambulem, quia ad te levavi animam meam.

Faites-moy connoistre la voye par laquelle je dois marcher, puisque j'ay élevé mon ame vers vous.

David vous demandoit la grace de luy indiquer un chemin seur, pour se sauver des mains de son fils Absalon ; mais encore plus une voix assurée pour aller à vous, pour observer vos Commandemens, pour s'affermir dans vostre service. Helas, Seigneur ! que j'ay besoin que vous me fassiez connoistre les voyes que je dois tenir, pour marcher droit à vous : Ah ! que je me suis égaré souvent du droit sentier : Ah ! que je l'ay manqué, que je l'ay perdu ; remettez-moy dans le bon chemin, je vous prie, puiſque je vous ay donné mon ame, puiſque je vous l'ay offerte, puiſque je l'ay élevée à vous.

Eripe me de inimicis meis, Domine ad te confugi.

Seigneur délivrez-moy de mes ennemis, j'ay recours à vous.

Que David vous demande de le délivrer de ſes ennemis temporels, ou ſpirituels; je vous demande en mon particulier, de me délivrer de ces ennemis, qui ont juré ma perte, qui ont conjuré contre mon ame; délivrez-moy, Seigneur, du demon, du monde, & de la chair, c'eſt d'eux que je ſouffre mille perſecutions, c'eſt d'eux que je dois craindre ma ruine, c'eſt pour l'éviter que j'ay recours à vous, c'eſt pour me mettre à couvert de leurs mauvais deſſeins, que j'implore voſtre ſecours.

Doce me facere voluntatem tuam, quia Deus meus es tu.

Enseignez-moy à faire vostre volonté, car vous estes mon Dieu.

Ce n'est pas assez, Seigneur, que vous me fassiez connoistre vostre volonté, ayez la bonté, faites-moy la grace de m'enseigner à faire, & à executer vostre volonté; je connois par la profession que je fais de Chrestien, & par les instructions qu'on m'a données, je connois, dis-je, quelle est vostre volonté, mais je suis si stupide, si hebeté, & si insensé, que je ne sçay & que je ne puis trouver le chemin pour y obeïr; instruisez-moy, Seigneur, enseignez-moy les moyens, donnez-moy la force pour l'executer, parceque vous estes mon Maistre, & mon Seigneur, parceque vous estes mon Dieu.

Spiritus tuus bonus deducet me, in terram rectam.

Vostre bon esprit me conduira dans une terre droite.

Envoyez-moy vostre saint & divin Esprit, pour faire à mon égard le charitable office de conducteur ; envoyez-le moy pour me conduire dans le droit chemin, pour m'y éclairer, pour m'empêcher de m'égarer.

Propter nomen tuum Domine vivificabis me, in æquitate tua.

Pour la gloire de vostre nom, Seigneur, conservez-moy la vie selon vostre équité.

Quoyque je ne puisse pas esperer la conservation de ma vie spirituelle, aprés la temporelle, que le Prophete vous prioit peut-estre de luy conserver, quoique, dis-je, mes merirites, & mes actions, ne me donnent pas lieu d'esperer cette grace de vous, d'estre maintenu en vie, d'estre conservé en vostre grace; bien loin de là, quoyque je merite d'estre abandonné de vous, d'estre condamné à la mort, & à une mort éternelle; je vous prie neantmoins de me vouloir maintenir & conserver dans cette vie de grace, pour la gloire de vostre nom, non pas par un droit de justice que j'y puis avoir, ne m'estant attiré que vostre disgrace, mais par une loy de bien-seance que vous vous estes imposée à vous-même, par une loy fondée sur vostre seule misericorde, par une loy que vous vous estes faite d'avoir une charitable condescendance pour les foiblesses des hommes, d'avoir pitié de ceux qui ont recours à vous, qui se confient à vous, qui reviennent à vous.

Educes de tribulatione animam meam, & in misericordia tua diſperdes inimicos meos.

Vous tirerez mon ame de l'affliction, & vous perdrez mes ennemis ſelon voſtre miſericorde.

Faites-moy, Seigneur, la grace que je vous demande, & par là vous ferez ceſſer ma douleur, & mon affliction, & afin que je me tienne toujours dans mon devoir, & que je ſois continuellement appliqué & attaché à voſtre ſervice, diſſipez par voſtre miſericorde, diſperſez par la bonté que vous aurez pour moy tous les ennemis viſibles & inviſibles qui s'en ſont pris à mon ame.

Et perdes omnes qui tribulant animam meam, quoniam ego ſervus tuus ſum.

Vous perdrez tous ceux qui affligent mon ame, parce que je ſuis voſtre ſerviteur.

Je n'ay rien de bon en moy, Seigneur, pour vous fléchir, pour vous persuader de preserver mon ame des insultes de mes ennemis, de les empêcher de m'attaquer, de les dissiper, de les perdre ; mais je vous represente que bon, ou mauvais que je sois, utile ou inutile, je suis neantmoins tout consacré à vostre service, j'ay cette qualité recommandable à la terre & au Ciel, j'ay la qualité, dis-je, noble, riche, & precieuse de vostre serviteur ; j'en fais mon capital, je suis à vous, & je feray gloire de l'estre toute ma vie, & dans tous les siecles des siecles.